전면개정판

문화도시
지역발전의 창조적 패러다임

문화도시
지역발전의 창조적 패러다임

ⓒ **유승호 2022**

초판 1쇄 발행　　　　2008년 7월 9일
개정판 1쇄 발행　　　　2014년 5월 17일
전면개정판 1쇄 발행　　2018년 4월 19일
전면2차개정판 1쇄 발행　2020년 7월 23일
전면2차개정판 2쇄 발행　2022년 2월 22일

글　　　유승호

펴낸곳　도서출판 가쎄 [제 302-2005-00062호]
　　　　　*gasse•아카데미는 도서출판 가쎄의 임프린트입니다.

주소　　서울 용산구 이촌로 224 609
전화　　070. 7553. 1783
팩스　　02. 749. 6911

ISBN　　978-89-93489-97-2 13300

값　　　20,000 원

홈페이지　www.gasse.co.kr
이메일　　berlin@gasse.co.kr

• 이 저서는 2017년 정부(교육부)의 재원으로 한국연구재단의 지원을 받아 수행된 연구입니다(NRF-2017S1A3A2066149).

한국간행물윤리위원회 추천도서

문화도시
지역발전의 창조적 패러다임

유승호 지음

gasse·아카데미

차례

제1부

문화도시 이론

1 왜 문화도시인가

1. 문화와 도시

문화culture란 일반적으로 한 사회의 주요한 행동 양식이나 상징 체계를 지칭하는 용어이지만, 그 개념이 넓고 다양해서 한마디로 정의한다는 것이 생각보다 쉬운 일은 아니다. 최초로 문화를 학문적인 주제로 다룬 인류학에서조차 개념 정립에 어려움을 겪었다. 어떤 인류학자들은 문화를 사회적 행동으로 생각했고, 어떤 학자는 행위가 아닌 행위의 추상적 개념으로 문화를 생각하였다.

문화에 대한 의미를 최초로 정의한 사람은 영국의 인류학자 타일러Edward Burnett Tylor였다. 그는 "문화 또는 문명이란, 광의의 민족적 의미에서 보았을 때 지식·신앙·예술·도덕·법·관습 및 사회의 성원인 인간에 의해 획득된 모든 능력과 습관들을 포함하는 복합적 총체"라고 주장했다. 그는 주요 저서인 『원시문화 Primitive Culture』에서 처음으로 근대적인 문화를 정의했다.

또 소쉬르와 불룸필드 등의 구조 언어학에 영향을 받은 레비-스트로스Levi-Strauss는 그의 책 『슬픈 열대Tristes tropiques』에서 구조인류학을 주창하였다. 이 책을 시작으로 인류학에서뿐만 아니라 다른 사상계에서도 구조주의라는 새로운 조류가 형성되었다. 이와 비슷한 경향으로 굿이너프W. H. Goodenoug를 중심으로 인지인류학을 주장하는 사람들이 나타났고, 더글라스Douglass는 상징체계론을 주장하면서 구조주의와 연결되었다. 구조인류학, 인지인류학, 상징체계론 등의 주장에 의하면, 문화란 현실에 나타나는 사회적 제도가 아닌 인간의 머릿속에 있는 하나의 사고체계나 방식이라는 것이다. 기존의 음악과 춤, 패션 및 생활양식을 문화로 규정짓는 것과는 다른 새로운 패러다임으로 문화를 정의하고 있다. 이렇듯 문화에 관한 다양한 정의가 가능하기에 측정 가능함을 우선시하는 경제학 등 타 학문에서는 문화를 '다루기 불편하고 모호한 어떤 것'으로 생각하기도 한다.

그토록 많은 사람들이 문화에 대한 나름의 정의를 내렸지만 좀처럼 문화를 정의하기 힘든 이유는 무엇일까? 그것은 상이한 문화들이 각 지역의 역사적, 제도적, 정치적, 지리적 요인 등에 의해서 발생하기 때문이다. 문화는 따로 홀로 떨어져 존재하는 것이 아닌 인간과 관계되는 정치, 경제, 자연, 역사 등 많은 다른 요소의 영향을 주고받으며 형성되는 것이다.

문화의 개념은 다음과 같은 세 가지 의미로 정의할 수 있다. 첫째 우리의 현상, 주변의 일상, 삶의 총체 등을 가리키는 개념으로 우리의 어떤 무의식, 습관의 체계로서 문화를 말한다. 이러한 것은 어떤 행동에 대해서 다른 나라 사람이 우리들의 행동과 문화습관에 대해 문제를 제기할 때 "우리는 그렇게 살아"라고 대답하는 것을 보면 알 수 있다. 이때 문화는 우리를 둘러싼 어떤 구조화 및 무의식화된 체계, 즉 문명과 유사한 것으로서 공통으로 약속된 특정한 사고체계나 행동양식을 말한다. 둘째 문화라는 것은 전통적인 것, 역사적인 것과 관련되어 있다. 일례로 전통적인 유형, 무형 문화재 등이 있는데 이러한 것은 오랜 시간이 지나면서 의미가 형성된 축적물들이다. 마지막 세 번째는 예술적인 것과 관련되어 있다. 아름다운 작품이나 예술 활동을 말할 때 문화의 개념을 사용한다(강효숙 외, 2007: 158~159).

다니얼 애퉁가-망겔Daniel Etounga-Mangeulle은 문화와 제도의 관계에 대해 "문화는 어머니요, 제도는 자식이다"라고 언급한다. 이 말은 정부가 규정하고 시민들이 행하는 제도의 변화가 지역과 나라의 문화에 지대한 영향을 받을 수밖에 없다는 것을 말한다. 또한 문화의 수준 및 척도는 그 나라의 번영과 직접 연관된다. '번영'이란 사람들이 좋은 생활을 영위하도록 여건을 조성하는 능력, 예컨대 집, 식량, 기타 물질적 혜택을 제공하는 개인, 집단, 국가의 능력이다(Ray, 1998). 즉 번영이란 사람들이 편안한 마음으로 스스로 누릴 수 있는 공간을 만들게끔 각자 건강한 육체적, 정신적 생활을 보장받는 것이다. 현대 자본주의 사회에서 이러한 번영을 누리기 위해서는 특정한 자원과 자본이 필요하다. 사무엘 헌팅턴에 따르면 <표 1>과 같은 7가지 자원과 자본을 이용하게 된다.

이러한 문화 수준을 가늠하는 자원과 자본에 관해 노벨상 수상자인 아마티아 센Amartya San은 "이런 방식으로 자원과 자본을 파악하는 견해로부터 우리는 한 국가의 장래 생산능력을 더 잘 파악할 수 있다"고 말했다(Sen, 1996: 7). 이 말의 의미는 번영을 위한 자본적 가능성은 어떤 나라의 현재 국민소득으로만 파악하는 것이 아니라, 변화의 수용 가능성, 다양하고 혁신적인 생산의 가능성도 함께 파악해야 한다는 것이다. 즉,

<표 1> 자원구분

자원과 자본		요소
천연자원		위치, 지하자원, 삼림, 해변, 기후 등
국가금융자원		저축 및 국제 비축
사람이 만든 자본		건물, 다리, 도로, 원격통신 자산
사회자본	제도적 자본	부동산의 법적 보호, 효율적인 정부부서, 주주에게 최대한 이익을 돌려주고 노동자를 보상, 훈련하는 기업의 제도
	지식자원	국제특허, 대학, 연구소
	인적 자본	기량, 통찰, 능력
	문화자본	음악, 언어, 의식적意識的 전통 뿐만 아니라 혁신과 관련되는 태도 및 가치 포함

출처 헌팅턴 외(2000: 408)

특정 지역의 자원과 자본에 투자할 것인지 말 것인지는 마음의 모델mind models에 기초해 판단할 수 있다는 것이다. 예를 들어 베네수엘라는 풍부한 천연자원이라는 자본을 가진 나라지만 수송 및 통신 인프라의 열악성과 정부기관의 부패, 인적자원 부족 그리고 반개혁적이고 발전 저항적인 태도가 팽배해 있다. 이와 더불어 개혁을 밀고 나가면서 자신의 가장 민감한 문제를 내보이고 당당하게 건드릴 수 있는 자기시정적self-correcting 자세의 부족으로 남미대륙에서 가장 높은 빈곤 증가율을 가진, 겉만 번드레한 역설적인 성공을 가져왔다.

자본주의와 공산주의의 이념이 지배하던 20세기를 지나 21

세기가 시작된 시점에서 이러한 문제의 해결을 위해 물질적이고 경제적인 것만이 아닌 마음 모델의 변화로 사람들의 행동 변화를 유도해야 할 필요성이 더욱 절실해졌다. 이러한 시기에 한 국가 혹은 한 지역의 문화가 극적으로 바뀌게 되면 사회구성원들에게도 지대한 영향력을 끼치게 된다. 공동체 안에 어떤 문화가 존재하고 구성원들이 어떤 문화를 즐기며 또 그 문화를 통해 어떤 영향을 받는지는 매우 중요한 사안이다. 결국 이러한 환경들이 '문화도시' 건립과도 관련이 있기 때문이다.

문화도시의 건립은 단지 건축적, 환경적인 변화에만 국한되어서는 안 된다. 최근 대두되고 있는 21세기 문화도시의 건립은 기존의 문화, 예술의 변형 및 활성화를 통해 도시를 아름답게 만들 뿐만 아니라, 도시민의 삶의 질에 직접적인 영향을 주기 때문에 살아가는 사람들이 가장 편리하게 느낄 수 있는 창조적 공간을 조성해야 한다. 문화도시 건립은 아름다운 조형물 및 자연환경뿐만 아니라, 변화를 수용하는 인간과 문화적, 제도적 장치와의 네트워크가 중요하다. 이를 통해 궁극적으로 사회 여러 구성원이 함께 만들고자 노력하고, 이러한 노력이 외형적으로 나타날 때 비로소 진정한 문화도시가 이루어지는 것이다.

문화도시라는 개념 자체가 정립된 지 그리 오래된 일은 아니기에 역사 또한 긴 것은 아니다. 초기 문화도시들은 랜드마크 중심의 관광산업에 역점을 두었다. 20세기 초 포디즘으로 대변되던 산업형태가 쇠퇴함에 따라 1970년대 이후 서구 유럽의 대규모 공업도시들이 급격한 경제적 몰락에 직면했고, 이러한 현실 앞에서 도시들이 조금씩 변화하기 시작했다. 1973년 제1차 오일쇼크는 기존의 포디즘적인 생산방식이 한계에 다다른 것을 단적으로 보여주었다. 이에 따라 제조업의 대량 감소와 함께 급격한 고용감소가 뒤따랐다. 산업체제는 소품종 대량생산방식에서 다품종 소량생산방식으로 변화를 겪게 되었고, 이를 통해 경제적 어려움을 벗어나기 위한 노력이 계속되었다.

이러한 포스트포디즘 시대로 접어들면서 유럽의 공업도시들은 우선적으로 도시환경과 산업구조의 변화를 추진하였다. 그 변화의 바탕 위에서 장기간에 걸쳐 형성된 도시의 부정적 이미지 해소 및 개선을 목적으로 1980년대 초 문화, 예술의 적극적 활용이 중심이 되는 도시혁신전략이 대안으로 떠오르게 된다(Parkinson, 1993). 도시혁신전략은 정부의 계획적인 문화 기획과 지원을 통해 도시의 편리성 및 보건성, 안전성, 경제성 등의 보장을 확보하고, 도로율, 주택보유율, 하수도 보급률, 녹지율, 열린 공간의 보유, 사회 기반시설 및 문화·예술의 인프라 확대에 초점이 맞춰져 있었다. 이를 바탕으로 도시들은 생활환경 및 산업체계 전반의 변화에 집중하게 된다.

대표적인 사례로 이탈리아를 들 수 있다. 우선 나폴리의 경우 제2차 세계대전으로 대부분의 시가지, 항만시설이 파괴되었으나 현재 고대 로마 시대의 유적들과 17~18세기의 바로크 양식 교회, 왕궁을 중심으로 대부분 복구되었다. 나폴리는 베수비오 화산과 나폴리만의 아름다운 풍경으로 세계 3대 미항의 하나로 꼽힌다. 이곳은 우리나라 항구와 달리 항구의 미관을 해치지 않도록 도시 내 건물의 크기와 모양을 제한하였다. 그 결과 항구 주변은 최대한 과거 모습을 유지하면서 도시 외곽에 주택가를 건설해 늘어나는 인구를 수용하였다. 덕분에 도시 외관의 특성을 살리면서 외연을 확장시킬 수 있었다.

세계 주요 도시들이 대부분 도심 뒷골목의 공동화현상 문제를 겪고 있는 것과 달리 이탈리아의 볼로냐는 경쟁력을 지닌 특색 있는 공방들이 도시의 특징으로 자리 잡았다. 인구 40만 명인 볼로냐의 중소 규모 공방들이 세계 수준의 명품을 생산하게 된 것이다. 이를 기반으로 볼로냐는 이탈리아 제2의 부자 도시로 발돋움하게 된다. 이는 '역사적 시가지 보존과 재생'이라는, 이른바 '볼로냐 방식'의 도심재생전략 때문에 가능할 수 있었다.

도심재생전략을 구체적으로 살펴보면, 볼로냐는 1985년부터 도심을 6구역으로 나눠 역사적 건축물의 보존과 복원, 활용방안을 세밀하게 수립했다. 이 계획은 시청 앞 마조레 광장에서 '두 개의 탑'과 볼로냐 대학으로 이어지는 축을 따라 뒷골목에서 생겨난 예술 공방형 기업들을 중심으로 진행됐다. 특히 볼로냐가 유럽의 문화수도로 지정된 것을 계기로 추진한 '볼로냐 2000 프로젝트'의 핵심은 도심 건축물의 외관은 그대로 보존하면서 내부를 첨단 문화공간으로 바꾸는 일이었다. 옛 주식거래소는 이탈리아 최대의 디지털 도서관으로 변했고, '팔라초 디 렌초' 등 중세 귀족들의 저택은 대규모 이벤트와 회의를 열 수 있는 시설로 바뀌었다. 도심 전 구역에 조성돼 있는 포르티코portico(같은 간격으로 배열된 기둥으로 받친 지붕이 덮인 보도) 또한 볼로냐의 상징으로 만들었다. 오래된 건축물뿐만 아니라 도심에 새로 건물을 지을 경우에는 건물 사유지의 일부를 개조해서 포르티코를 만들 것을 의무화한 것이다. 시민들의 자발적 합의에 의해 포르티코를 보존하는 도시계획을 결정했다는 측면에서 더욱 의의가 크다고 할 수 있다.

문화는 장소 구속적이다. 그렇기 때문에 인간관계가 형성되는 장소인 지역의 현상으로 문화의 의미를 정의할 수 있다. 즉, 장소와 문화는 밀접하게 연관되어 있는 것이다. 21세기식으로 범세계적 커뮤니케이션이 아무리 발달했다 해도 특정한 장소에는 그 장소만의 독특한 전통과 관습이 배어있다. 문화적 상징으로 대표되는 특색 있는 장소는 방송을 통해 전 세계에 전파되고, 그 방송을 본 다른 나라 사람들이 특정지역의 선도적 유행을 모방한다. 문화의 원래 속성인 '장소 구속성'과 문화의 현대적 특징인 '텔레커뮤니케이션화'가 상호 공존하면서 세계는 새로운 스타일의 문화로 늘 요동치는 공간이 된 것이다. 이러한 현상은 특히 패션에서 두드러진다. 세계적으로 패션을 주도하고 있는 전파된 패션 스타일은 짧은 시간 안에 전 세계 사람들에게 영향을 주어 유행에 민감한 사람들의 스타일에 변화를 준다. 이렇듯 창의성과 기획성으로 무장된 문화 주도적인 도시에서 생산된 특정 문화 상품은 세계적인 소비 네트워크의 확장으로 이어진다.

뉴욕, LA, 런던, 파리, 도쿄와 같은 거점 도시는 계속해서 독특하고 창조적인 문화상품을 출시하고 있다. 이러한 도시들은 지역적으로 고유한 문화적 경험이 풍부한 것뿐만 아니라, 외부와의 소통에 따라 더욱 새롭게 문화적 자산을 발전시켜 경제와 문화 사이의 상호작용이 자유롭게 이루어진다는 특징이 있다. 즉 세계의 거점 도시들은 지역의 문화와 세계의 문화를 연결시키는 허브 역할을 하고 있으며, 이것이 도시 내부 경제활동의 성격도 규정하고 있는 것이다.

이는 포스트포디즘이라고 하는 세계 자본주의의 변화에 영향을 받은 결과이다. 특정한 지역의 산업형태가 지역에서 새로운 산업적 공간을 확보하는 것과 밀접한 연관을 갖고 있는 것이다. 포스트포디즘 생산방식의 특징은 '유연전문화specialized flexibility' 로서, 유연한 생산 네트워크를 통해 경쟁력을 확보하는 것이다. 이는 패션산업과 영화산업, 멀티미디어 게임 생산과 같이 창의성과 기획력을 필요로 하는 산업에서 나타나며, 공간적으로는 클러스터화와 산업구역의 재생으로 나타난다. 이런 특징들을 기반으로 장소, 문화, 경제는 공생하게 되는 것이다. 현대 자본주의에서 이러한 공생은 주요 도시의 브랜드화라는 새롭고도 강력한 형태의 기호로 나타나게 된다. 모든 것이 복합된 공생의 개념이 브랜드로 표시되어 일반 소비자에게 신뢰도 높은 상품으로 다가가는 것이다. 인간성과 능력 거기에 품위까지 갖춘 인간형이 대접받는 것처럼 말이다. 이제 제품 이미지와 장소는 밀접하게 관련되어 있을 수밖에 없다. 우리 주변의 화장품이나 패션상품 등 상품명 아래에 '이탈리아', '런던', '뉴욕', '파리'와 같은 지역 표시가 하나의 브랜드로 굳어진 것에서 이를 잘 확인할 수 있다.

2. 도시의 어원 및 정의

인류 역사에서 도시 형성에 결정적인 영향을 끼친 사건은 농업 혁명과 산업혁명이다. 농업혁명으로 인해 인류는 정착생활을 하게 되었고, 이로써 문명생활을 할 수 있는 기반을 만들었다. 문명이 발전함에 따라 도시가 발전하게 되었다. 그래서인지 영어로 도시^{City}와 문명^{Civilization}은 같은 어원을 가지고 있다. 더욱이 문명^{Civilization}과 문화^{Culture}가 컬투라^{Cultura}라는 라틴어에서 파생된 단어인 것을 생각하면, 예전부터 인류에게 문화와 문명과 도시는 같은 뿌리를 지니고 있다고 생각할 수 있다. 즉 도시에서 문화와 문명이 발생하고, 반대로 문명과 문화의 발생은 도시의 발달을 가져온 것이다.

문화의 어원에 대해서 자세히 살펴보면 문화와 문명과 도시의 관계를 좀 더 잘 알 수 있다. 이미 말했듯이 문화^{culture}라는 말은 라틴어 컬투라에서 나온 것이다. 이 말은 본디 경작이나 재배를 뜻했다. 사회적, 예술적 의미에서 문화는 밭을 경작하는 행위를 컬투라에서 은유적으로 가져온 것이다. 마음을 계발하는 것이 밭을 경작하는 과정과 유사하다는 생각에서 나온 말인데, 문화의 초기 의미는 마음을 경작한다는 은유적 의미로 주로 사용했고 문명^{civilization}도 유사한 의미로 사용되었다. 문명의 어원은 라틴어 시비스civis인데, 이것은 시민의 실제적인 사회화 과정, 그리고 사회적 조건과 관련돼 있다. 즉, 로마에서 시민^{civis}은 시민권^{civitas}이 있는 자로서 로마시민이 야만인^{barbarian} 및 다른 외국인에 비해 자신들이 우수하다는 것을 강조하기 위해서 쓴 것이다. 이러한 문화의 개념은 18세기 후반까지 같은 의미로 쓰였다. 18세기 유럽의 부유한 계층의 세련된 수준을 나타내는 의미로도 쓰였다. 이후 20세기에 들어서 노동계급과 하층 및 중간계급의 대중문화까지 포함하는 것으로 확장되었다. 결론적으로 인류는 도시에 거주하기 시작하면서 문명의 꽃을 피우기 시작한 것이다.

도시의 개념은 다양하게 정의될 수 있지만, 지리학의 관점에서 도시의 정의를 내리자면 다음과 같은 특징을 가진다. 첫째, 다수의 인구가 비교적 좁은 지역에 밀집해서 거주하므로 인구밀도가 높다. 둘째, 농업, 임업, 수산업 등 1차 산업비율이 낮고 제조업, 건설업, 산업 등 도시를 근간으로 하는 2, 3차 산업비율이 높다. 셋째, 주변 지역에 재화와 용역을 제공해 주는 중심지 역할을 한다. 즉, 공간적 의미에서 도시화는 인구의 수가 증가하고 인구밀도가 높아지며, 더불어 비농업적 산업비율이 늘어나 도시 수의 증가와 도시권의 확대가 나타나는 현상을 말한다(권용우 외, 1998: 135~136).

3. 도시의 형성과정

도시의 기원은 인류 문명의 발전과 함께한다고 할 수 있다. 도시는 4대 문명지역인 티그리스·유프라테스강의 메소포타미아, 나일강의 이집트, 인더스강 유역, 황하강 유역에서 발생하였다. 인류의 정착생활은 채집생활에서 벗어나 농업을 하면서 시작되었다. 인간을 한 곳에 정착하게 된 것은 이동하면서 먹을 것을 구해야 하는 수렵·채집생활에서 벗어나 씨앗을 뿌리고 수확을 해야 하는 경작 즉 '시간이 걸리는 농업'을 시작하면서부터이다. BC 6000~7000년경에 일어난 농업혁명과 더불어 문명생활을 할 수 있는 토대가 마련된 것이다. 정착하면서 인류는 집단으로 한곳에 머무르며 거주할 수 있는 마을을 형성하게 된다.

농업혁명은 인류에게 잉여생산을 가능하게 했다. 인간의 대표적 특징인 도구를 만들어 사용하게 된 것이다. 농업도구의 발명으로 인해 농산물의 잉여생산이 가능해졌고 식량을 저장하여 축적할 수 있는 기술도 동시에 개발하게 되었다. 잉여생산과 생산된 곡식의 축적은 비생산인구층(권력자, 사제 등)을 발생시켰다. 이들 비생산인구층은 사람과 사람 사이의 관계에서 위계를 만들어냈다. 잉여생산물을 소유한 자가 남들보다 높아질 수 있는 상황이 펼쳐진 것이다. 이를 바탕으로 공동체 내에서 정치권력이 만들어진다.

정치권력을 가진 자는 직접 농업 일을 하지 않고도 생산물을 가질 수 있게 되었다. 이러한 사람들이 집단을 형성하면서 지배계급이 만들어졌고, 이들은 피지배계급을 통해서 자신의 부를 쌓아갔다. 당연히 피지배계급은 농업생산물을 뺏기지 않으려고 했고, 지배계급은 그것을 효과적으로 빼앗으려고 했다. 노동을 하지 않고 생산물을 획득할 수 있는 정치권력은 모든 사람의 선망 대상이 될 수밖에 없다. 따라서 정치권력을 가진 사람들은 이것을 유지하기 위해 제도, 행정조직, 군대와 같은 것을 만들어내기 시작했다. 잉여생산물이 많아짐에 따라 정치권력은 더욱 힘이 강해졌다. 그들은 잉여생산물을 효과적으로 수집하고 관리하기 위해 행정조직을 만들어 권력을 통해 수많은 노예나 하인들을 거느리며 살게 되었다. 이러한 과정이 도시의 규모를 키우는 핵심적인 역할을 하였다.

농업은 잉여생산물로 대변되는 잉여가치를 제공했고 행정도시뿐만 아니라 지배계급이 사치생활을 영위할 수 있도록 해주었다. 이때 물품을 조달하기 위해 장인집단이 형성되었다. 또한 자신의 지역에서 생산되지 않는 물품의 조달을 위해 상인집단도 필요하게 되었다. 문명이 발전함에 따라 항해술과 같이 다른 지역으로 오갈 수 있는 기술이 발전되었고, 이것은 원거리 무역의 활성화를 가져왔다. 원거리 무역만으로도 번성을 구가하는 도시가 생겨났다. 산업혁명 이전의 상업도시는 대부분 지배계급의 사치생활 때문에 발생한 원거리 무역의 발달과 함께 형성되었다. 르네상스 시대의 이탈리아 북부도시, 독일의 한자동맹 도시, 지리상 발견시대의 대서양 연안도시 등이 이에 해당한다.

1760~1830년경 시작된 산업혁명은 증기기관을 동력으로 한 대량생산을 통해 제품의 생산단가를 낮추고 수공업 제품에 대한 경쟁력을 높이면서 시작되었다. 산업혁명은 기계와 값싼 노동력에 의해 잉여가치를 기하급수적으로 발생시켰다. 공장을 가진 자본가에게 더 많은 부를 축적할 수 있게 해주었다. 공장이 도시에 설립되고 이것을 운영할 노동력이 필요해짐에 따라 그동안 농업에 종사하던 사람들이 대거 도시로 유입되기 시작했다. 농민들의 도시 유입은 도시와 농촌 사이의 이윤 차이에서 비롯된 것이기도 했다. 도시의 값싼 노동력 수요와 도시와 농촌 간에 발생하는 지속적인 이윤의 차이는 농촌 인구의 유입에 의한 급격한 도시화를 불러왔다.

이제 도시는 소비와 생산이 동시에 이루어지는 공간으로 변했다. 전통 시대의 도시에서는 물자가 농촌에서 도시로 일방적으로 반입되는 흐름이었던 반면, 산업혁명 이후의 도시에서는 농촌에서 반입되는 물자보다 도시에서 생산된 더 많은 상품이 도시 밖으로 나갔다. 비로소 도시와 농촌 쌍방향의 물자 흐름이 가능하게 되었다. 공산품의 대량생산은 유통경제의 활성화도 촉진시켰다. 이전 시대에 자급자족하던 물자들이 산업혁명 이후에는 대량유통을 통해 소비할 수 있게 된 것이다. 이처럼 생활필수품을 이전과 다르게 값싸고 손쉽게 얻게 됨으로써 사회적 부가가치의 비중이 급격히 증가하였다. 전통도시에서는 정치권력 중심 공간이었던 도시가 산업혁명 이후에는 생산, 유통 중심의 공간으로 변한 것이다(김인·박수진, 2006: 304~310).

산업혁명은 도시 공간에 혁신적인 변화를 가져다주었다. 도시 공간의 성격이 생산하는 물품에 따라 결정되기 시작했다. 농촌은 1차 생산을 하고, 도시는 제조업, 건설업, 상업 등의 2, 3차 산업을 하는 곳으로 분류되었다. 이러한 산업화는 역사적, 공간적으로 근대도시의 출현을 가져왔고, 사회적으로 도시를 중심으로 하는 근대적 사회관계를 발전시켰다.

마샬 맥루한Marshall Mcluhan은 근대도시는 기존 농촌과 도시의 성격이 역전된 것이라고 말한다. 그는 도로와 교통수단의 변화에 초점을 맞췄다. 도로가 도시의 성격을 가지고 있는 고속도로로 바뀌면서 기존의 도농 간 성격도 바뀌었다. 농촌이 노동의 중심지이고 도시가 레저의 중심지이던 것이 반전이 일어나 도시가 노동의 중심지가 되고 농촌이 레저와 오락의 중심지가 된다고 보았다(맥루한, 2002: 79).

4. 도시의 발달단계

지금까지 사회학에서는 도시의 발달단계를 산업화의 정도에 따라서 구분했다. 소저버그^{Sjorberg}는 산업도시 이전 → 산업화 과정 속의 도시 → 산업도시로 유형화하여 도시를 분류했다. 각 단계의 도시의 특성을 보면, 산업도시 이전의 도시는 정치와 종교의 중심지로서 상층의 지배계급이 주로 거주하는 곳이었고 하층민은 주변에 거주하며 일을 했다. 도시의 모든 사회적이고 정치적인 중요 사항은 지배계급이 결정하였다. 산업화 과정 속의 도시에서는 경제·기술적인 요소가 사회 전반의 변화를 주도하게 된다. 이전의 전산업도시의 사회구조가 변화되어 전통양식이 지속, 소멸, 수정되기도 하고 새로운 양식이나 문화가 나타나기도 한다. 산업화 과정을 거쳐 산업도시의 안정기에 이르면 사람들이 밀집되고 보다 높은 생산성을 거두기 위해 토지 이용이 고도화된다. 노동자들이 생활하는 지역과 일하는 지역이 분리되고, 사회가 더욱 세분화됨에 따라서 계층도 다양해진다. 이러한 세분화와 다양화는 핵가족과 고도로 분업화된 사회조직으로 변하게 되고, 분업에 따라 지역 간 생산성의 차이가 나타나면서 많은 사람들이 일자리를 찾아 농촌에서 도시로 모여들게 된다.

그러나 21세기 도시는 기존의 도시 발전 형태와 분류방식과는 다른 모양을 띠고 있다. 특히 산업사회에서 지식산업사회로 넘어선 변화는 첨단기술의 발전, 디지털화, 정보화 등을 통해 정보통신산업의 발달로 진척되었으며, 나아가 창조사회로의 이행을 추동하고 있다(<표 2> 참조). 따라서 당연히 도시도 이러한 패러다임의 변화와 병존한다.

소저버그의 도시 구분과 <표 2>에 기재된 사회구분의 가장 큰 차이점은 사회 단계가 3단계에서 4단계로 늘어났다는 것이다. 이는 사회가 더욱 분화되고 있음을 의미한다.

농업화사회의 특징은 농업혁명을 통한 봉건제 신분사회에서 자연법칙에 순응하는 것이 특징이다. 특히 공동체를 추구하고 도구를 사용했지만 아직 도구 자체가 발전된 것이 아니어서

<표 2> 사회와 패러다임의 변화

구분	농업화사회	공업화사회	정보화사회	창조화사회
시기	BC 3세기 이후	18세기 이후	20세기 이후	21세기 초 이후
혁명	농경혁명	산업혁명	정보혁명	창조개혁
권위	봉건	집권	분권	개성
법칙	자연법칙	정치법칙	경제법칙	문화법칙
기술	도구	에너지, 엔진	컴퓨터, 통신	컨셉트
지향	공동화	표준화, 시스템화	네트워크화	비주얼화
생산형태	소품종소량	소품종다량	다품종다량	다품종단품
스케일	풍곡다산 豊穀多産	중후장대 重厚長大	경박단소 輕薄短小	가상무한 假想無限
추구	생존	질과 양	속도	아름다움과 즐거움

출처: 한국경제신문, 2001.1.3

소품종 소량생산을 할 수밖에 없었다. 생존이 가장 중요한 시대
였다.

두 번째 단계인 공업화 시대는 18세기 산업혁명 이후가 된다.
이 시대는 부르주아가 정치지배세력으로 부상함에 따라 정치
법칙이 중요해지고 석탄연료에 의한 증기엔진의 발명으로 생산
량이 급격하게 늘어난다. 분업화를 통한 상품의 표준화와 시스
템화가 생산량 증가의 기초가 되었다.

세 번째 단계는 20세기 이후의 디지털기술에 의한 정보혁명 시
대이다. 포디즘의 소품종 다량생산 시대에서 포스트포디즘의

다품종 다량생산시대, 즉 유연적 생산시대로 접어든 것이다. 이 시대에는 다양한 욕구를 가진 다양한 사람들의 욕구를 충족시켜주는 것이 중요한 문제로 대두되었다. 컴퓨터, 디지털 기술 혁신에 따른 정보의 중요성이 부각되었다. 정보는 네트워크화가 되었다. 누가 어떤 정보를 어떻게 종합하느냐에 따라 정치, 경제적 성패가 좌우되었다. 고급 정보를 먼저 알아내는 능력, 즉 정보 획득의 속도에 의해 성패가 결정되었다.

마지막 단계로, 창조사회를 들 수 있다. 21세기 들어 정보화시대의 디지털기술이 빠른 속도로 발달하고 있는 상황에서 창조적 사고가 매우 중요한 문제로 부각되고 있다. 이제는 기술적인 것을 뛰어넘어 창조적인 콘셉트를 내놓느냐가 중요해진 것이다. 이러한 상황에서는 아름다움, 즐거움 같은 문화적인 법칙이 부각되고 개성을 가진 다품종의 소량생산시스템이 자리를 잡게 된다. 고급적이면서도 특별한 것에 대한 문화적 욕구가 늘어나게 된 것이다.

농업시대에서 산업혁명시대로의 변화가 15,000년이 걸렸다면, 산업혁명시대에서 정보화시대로는 200년가량 걸렸고, 최근 정보화시대에서 창조화시대로 넘어가는 기간은 100년가량이 걸렸다. 이처럼 시대가 고도로 발달할수록 사회 형태의 변화에 가속도가 붙는다. 도시 특성의 변화 역시 마찬가지로 변화 속도가 빨라지고 있다.

5. 문화도시를 이해하기 위한 기본 개념들

문화도시에 대한 이해를 높이기 위해서는 개념 정립이 선행되어야 한다. 우선 공간space, 장소place, 도시성urbanism, 어메니티amenity, 문화자본cultural capital, 문화산업cultural industries, 지속성sustainability, 창조도시creative city라는 8가지 키워드에 주목할 필요가 있다.

먼저 공간space이란 말을 살펴보자. 공간은 사람과 연결되어 있지 않을 때는 단지 비어 있는 이미지로 떠오를 뿐 의미작용이 일어나지는 않는다. 인간에 의해 비로소 의미가 부여됐을 때 장소place가 되는 것이다. 어떠한 공간에 인간의 공동체적 체험이 결합되었을 때, 소위 말하는 도시성urbanism이 발생한다. 도시성urbanism의 어원은 라틴어 울바누urbanu에서 나왔다. 울바누는 중심 혹은 원을 뜻하기도 하고 뜰과 마당을 의미하기도 한다. 미국의 도시사회학자 워스Wirth가 도시생활양식으로서의 어버니즘urbanism 이론을 주장하면서 사용되었다. 워스는 현대 문명에 있어 사회생활의 특성에 관한 측면에서 도시의 발달과 세계의 도시화에 주목하였다. 그는 세계적 도시화의 특성으로 사람들의 관계가 인간적 연대보다는 개인 간의 경쟁이 격화되고, 전통이나 관습보다는 법률제도 등 공적 통제기구가 더 발달한다고 보았다. 또 사회적 접촉의 비인격화와 익명성이 증대하고 직업의 분화, 전문화로 인해 직장과 가정이 분리된다고 보았다. 이러한 분화를 통해 사회계층의 분화와 계층 간 이동의 증대, 대중의 형성과 비개성화, 획일화, 사람 사이의 화폐적 관계가 중요해지고, 정치적인 면에서는 홍보기술의 발달 등이 두드러진다.

도시적 개성은 이와 같은 다양한 특성에 의해서 규정된다. 워스는 이처럼 도시의 특유한 인간관계, 행동양식, 의식형태 등의 여러 특성의 총체가 도시성으로 표현된다고 생각했으며, 도시성의 증대와 발전이 도시화urbanization라고 보았다. 그의 이론에 따르면 도시와 농촌의 구별은 기본적으로 인구수나 인구밀도 등에서 나타나는 양적인 차이로 구별할 수 있다. 워스의 어버니즘론은 이후의 도시생활 연구에 많은 자극을 주었다. 그는 근대 자본주의 사회에서 도시생활의 특성을 어버니즘이라 지칭했으며, 어버니즘은 역사적, 사회체제적 배경에서 이해되어야 한다고 보았다.

어떤 지역의 장소, 환경, 기후 따위가 주는 쾌적성을 뜻하는 어메니티amenity는 1990년대 중반 서유럽 국가들을 중심으로 발생한 것으로, 농촌 어메니티 운동에서 정책적 개념으로 그 의미가 점차 확대되었다. 어메니티는 농촌 특유의 자연환경과 전원풍경, 지역 공동체 문화, 지역 특유의 수공예품, 문화유적 등 다양한 차원에서 사람들에게 만족감과 쾌적성을 주는 요소를 통틀어 일컫는 말이다. 특히 자연경관을 해치지 않고 사람들에게 만족감을 줄 수 있는 농촌의 모든 경제적 자원이 농촌 어메니티라고 할 수 있다. 서유럽에서는 이러한 농촌 어메니티를 농촌개발의 새로운 패러다임으로 여기며 정책에 적극 반영하고 있다.

현재 어메니티 개념은 농촌개발에만 머무르지 않고 어촌개발이나 각종 경제 분야에서도 활용되면서 쾌적성만을 의미하는 단순한 의미에서 쾌적함과 만족감을 주는 모든 요소를 함축하는 용어로 의미가 확대되어 사용되고 있다. 이러한 어메니티는 공공인프라와 같은 유형적 특징과 도시 고유의 정체성, 사회적 네트워크의 확립과 같은 무형적 특징을 포괄하고 있다. 어메니티 개념은 쾌적한 환경에서 시민들이 활발하게 자기 일을 하고 문화 및 여가 생활을 즐길 수 있는, 물질적인 것과 정신적인 것을 함께 아우르는 것이라고 보면 된다.

경제학에서 사용되는 문화자본^{Cultural capital}이라는 개념은 문화적 가치를 실현시키는 유형 및 무형의 자산을 일컫는다. 이 개념을 유형 문화재를 통해 살펴보자. 건물로서의 문화재는 일반적인 건물에서는 찾을 수 없는 역사적인 가치와 특성을 가지고 있다. 이러한 특성을 통틀어 건물의 문화적 가치라고 할 수 있을 것이다. 이러한 유형 문화자본으로는 건물, 장소, 지역, 예술작품, 공예품 등이 있을 수 있고 무형 문화자본으로는 개별 나라의 고유한 예술문학, 전통적인 문화생활 등이 있을 것이다.

문화산업^{cultural industries}은 문화상품과 서비스를 생산하고 제공하는 산업으로 정의할 수 있다. 이것은 국가마다 다양한 용어로 사용되는데 미국은 '엔터테인먼트산업', 영국은 '창조산업'이라고 말한다. 창조산업은 창조력과 기술, 재능을 필요로 하며 지적 재산의 개발을 통해 일자리 창출과 잠재적인 부의 축적을 목표로 삼고 있다. 유네스코에서는 문화산업을 "무형의 문화적 콘텐츠로 창조, 생산, 상업화를 조합하는 산업"으로 정의하고 있다. 이러한 문화산업에서는 산업적 생산뿐만 아니라 예술 활동도 포함된다. 자본의 속성은 꾸준히 유지되는 것이기 때문에 문화자본도 당연히 지속성^{Sustainability}을 가지게 된다. 그렇기 때문에 후세를 위해서 문화유산을 보호하고 현재에 맞게 개발을 하는 것이다.

창조도시 또는 창의도시^{Creative city}는 가장 최근에 생성된 개념이다. 다양한 종류의 문화 활동이 도시의 경제적, 사회적 기능의 필수적인 구성요소를 이루고 있는 복합적 도시를 의미한다. 사회적, 문화적 인프라가 굳건하고 창조적인 고용에 고도로 집중하며 문화 인프라가 충분히 확보되어 해외투자유치가 활발하다는 특징을 지니고 있다. 이러한 현상에 대해 찰스 랜드리는 "전 세계의 많은 도시가 세계화의 활발한 전개로 인해 과도기를 겪고 있다"고 말한다. 이 과도기는 도시마다 다양하다. 아시아의 도시들은 성장 중인 반면에, 유럽의 도시들은 기존 산업이 사라지고 새로운 산업이 등장하고 있다. 유럽 도시에 부가되는 가치는 제조업보다는 상품, 프로세스, 서비스에 적용되는 지적 자본을 통해 생성된다([사]글로벌서울포럼, 2008: 295~297).

이러한 도시의 변화를 바탕으로 플로리다는 창조적 자본이 발흥하는 창조도시란 점을 강조하고 있다. 플로리다는 사회적 자본과 창조적 자본은 분명 다르며, 사회적 자본론은 자칫 관용이 없는 폐쇄된 공동체로 흐를 가능성이 있다고 말한다. 반면 창조적 자본론에서는 미국의 개인주의와 가족해체의 흐름을 기반으로 한 새로운 가치이자 인재지원의 틀이 되어야 한다는 주장이다. 사회적 자본을 주장하는 학파에 대한 비판을 통해 새로운 사회발전의 논거를 제시하고 있는 것이다.

"역사적으로 배타적이고 긴밀히 연계된 공동체가 유리하다고 생각되어 왔음에도 몇몇 이론가들은 그런 긴밀한 연대가 오히려 손해라고 주장한다. 사회적 자본은 실제 두 가지 방향으로 모두 작용하며, 종종 그러한 점을 확인할 수 있다. 그것은 소속감과 공동체를 강화시키는 반면, 그만큼 새로운 참여자를 막고 진입 장벽을 세우며 혁신을 지체시킬 수도 있다. 한 집단의 구성원을 도운 바로 그 강한 연대가 외부인을 배제하기 위해서도 작용한다." (플로리다, 2008;49). "그래서 사회적 자본이 지역의 경제 성장을 초래한다는 어떤 증거도 발견할 수 없다" (2008;68)고 주장한다.

사회자본론이 지역성장과 아무런 관련이 없다는 극단적인 비판이다. 물론 이러한 비판은 한계를 가진다. 기존 데이터를 비교 분석하는 것이 실제 '인과성'보다는 '유사성'을 더 강하게 보여주는 것임에도 불구하고 -그리고 대부분 상관관계 분석을 수행하고 있는 것에서 알 수 있듯이- 플로리다가 사회자본론에 대해 인과적 측면에서 극단적인 비판을 하고 있음은 그만큼 창조적 자본론에 대한 애정과 절박함을 반증하는 것이라 할 수 있겠다. 그는 어메너티, 보헤미안, 게이 등의 문화적 토양이 하이테크 인재들과 연계되어 지역발전으로 이어진다는 주장을 실증적 자료를 통해 조목조목 증명하고 있다.

플로리다는 미국 이민 정책에도 깊게 관여하여 인재시대의 논리를 떠받치고 있다. 인력들이 지역을 선택하는 시대이고 그런 인력들의 변화된 코드를 지역사회가 읽어낼 때 지역이 발전할 수 있다고 주장한다. 기존의 지역발전 논리가 지역중심이었다면, 플로리다는 개인강화individual empowerment를 주장한다. 지역 간 경쟁의 격화와 동시에 모든 지자체가 재정을 긴축해야 하는 시기에 플로리다의 『창조계급의 부상』은 새로운 지역발전 논리를 갈망하던 지역들에게 단비와도 같은 논리였다. 거대 SOC가 아닌 훌륭한 레스토랑과 '카페테리아', 거리 음악회와 게이들을 모으는 것만으로도 지역발전에 성공할 수 있다는 것은 재정긴축의 요구와 딱 맞아떨어지는 것이기도 했다.

이러한 주장은 플로리다의 『도시와 창조계급』에서도 잘 드러난다. "창조적인 사람들은 전통적인 이유 때문에 이곳으로 이주하는 것이 아니다. 대부분의 도시가 주력하는 건설 부문, 즉 스포츠 스타디움, 도시 고속도로, 도시 쇼핑몰 그리고 테마공원과 같은 관광 및 위락 지구 등은 실제로 창조 계급 사람들에게는 무의미하거나 그들의 욕구를 충족시켜 주지 못한다. 그들이 지역사회에서 구하는 것은 풍부한 양질의 경험, 모든 종류의 다양성에 대한 개방성 그리고 무엇보다도 창조적 사람으로서 자신의 정체성을 인정받는 기회 등이다."(2008;55)

창조경제의 등장으로 전통적인 옛 가치체계가 탈 물질적인 가치체계로 진화하게 된다. 소위 보헤미안의 시대인 것이다. 창조계급의 지역은 젊고, 히피적이며 이동성이 높고 부유하며 다원적이고 쾌락적이다. 그러나 미국 내 어떤 지역은 여전히 전통적이다. 옛날 형태의 산업과 가족적 가치관, 느린 성장, 분노의 증가가 온존하고 있다. 이렇게 다른 부류의 사람들은 다른 신문을 읽고 다른 TV 채널을 시청하고 생각 또한 다르다. 자기만이 미국인다운 모습이며 다른 편은 위선적인 소수자라고 파악하고 자신의 가치관을 강요하려 한다. 이런 분열이 미국사회에 전염되어 있다. 결국 이런 분열과 폐쇄성은 지역성장과 국가의 성장을 가로막을 것이다.

필자는 인도나 중국 같은 나라를 주시하는 것은 잘못된 선택이라고 생각한다. 그보다는 사회적 통합 메커니즘이 잘 확립되어 있고 사회의 모든 부분으로부터 창조적 에너지를 결집시킬 수 있는, 글로벌 인재들을 위해 효과적으로 경쟁할 수 있는 역량을 가지고 있는, 작지만 영리한 국가를 주시해야 한다. 현재 시점에서는 캐나다, 스웨덴, 핀란드, 오스트레일리아, 뉴질랜드의 도시들이 유력한 후보들이다. 이들 나라의 도시들은 경제발전의 세 가지 지표인 3T(Technology, Talent, Tolerance) 점수가 모두 높다. 개방적 사고와 관용의 가치를 내포하고 있어 혁신과 창조성을 발휘하고 있기 때문이다.

2 도시의 관점에서 본 문화도시

1. 도시 연구의 관점들

도시를 대상으로 한 연구는 언제부터 시작되었을까? 도시에 대한 근대적 연구가 시작된 것은 근대 자본주의가 발생한 19세기이다. 급격한 산업화, 그로 인한 도시화가 낳은 사회적, 문화적 구조의 변화는 인간의 삶에 많은 영향을 미쳤다. 도시와 인간에 관한 연구가 본격화된 것은 20세기 초 이후의 일이다.

도시 연구가들은 도시를 인간이 살아가는 사회·문화적 변화의 구조로 이해한다. 현대 도시가 계급, 인종, 민족 등 상이한 문화적 가치 등이 서로 뒤섞여 문화충돌과 상호공존을 하면서 새로운 문화를 만들어내기 때문이다. 당연히 도시에서는

<표 3> 영국 도시사(都市史) 잡지 도시 구분

분류	다루는 주제
도시사 일반	도시사 연구방법론, 새로운 사료, 사학사, 장기적 도시화과정, 개별도시의 성장사를 연구
인구문제	특정 도시에서의 출생, 혼인, 사망, 질병, 이민 등을 연구
도시의 물리적 구조	도시공간의 물리적 특성, 건축물, 주택조건 등을 연구
도시의 사회구조	도시나 지역의 사회적 특성과 구조, 계급·계층 구조, 사회조직, 사회문제, 사회개혁, 소수자집단, 가족생활 등 도시공간의 형태나 기능, 삶의 방식과 사회조직의 상관관계를 연구
도시의 경제활동	특정 도시나 도시 인근 지역에서의 산업과 상업, 소비, 노동조건, 노동조합 문제를 연구
교통과 통신	도시 내부 및 도시 간 교통·통신망을 연구
시 정치와 행정	시정부의 활동, 자치행정 주위의 이해집단들의 조정, 도시 공공정책을 연구
도시환경	도시계획, 환경문제, 지역발전, 이상도시론, 주거조건개선 등을 연구
도시문화	여가, 교육, 종교, 정보교환, 도시의 일상생활, 도시문화의 특성과 도시경계를 넘는 영향력의 확대를 연구
도시에 대한 인식과 태도	문학, 미술, 영화 등에서 다루어진 도시 이미지 등을 연구, 도시의 정체성, 도시민의 자부심 등이 최근 도시사 연구의 주요 테마임

출처: 민유기(2007: 24~25)에서 재구성

매우 다양한 문제들이 발생하며, 또한 연구되고 있다. 영국에서 발행되는『도시의 역사Urban History』는 <표 3>과 같은 10개의 범주로 나누어 주요 연구 성과를 분류하고 있다.

도시의 형성이 대륙별로 차이가 있기 때문에 도시사 연구 또한 차이가 난다. 제1, 2차 세계대전을 겪은 유럽의 도시 연구는 미국의 그것과 비슷하면서도 다르다. 미국의 경우 1940년 슐레징거A. Schlesinger의 「미국사 속의 도시」라는 논문이 나온 이후 도시사 연구가 활성화되었고, 1960년대 중반부터 도시의 사회경제적 구조를 다루는 신도시사New Urban History가 등장했다. 이때부터 도시공간을 정치, 경제, 사회의 여러 테마로 구분해 사회사적 방법론으로 탐구하는 경향이 생겼다. 1970년대는 도시화, 시 행정, 이민, 주택문제, 도시 내부의 사회갈등 등을 주로 분석했다. 1980년대부터는 소비문화와 대중문화의 중심지로서 도시의 역할과 기능을 분석했으며, 도시 경관을 특정 시기의 사회적, 경제적, 정치적 상황의 반영으로 파악하는 도시의 문화적 경관에 관한 연구가 시작되었다. 이와 관련해 최근에는 도시 내의 인종갈등, 여가문화, 소수자 공동체 문화 등이 주로 연구되고 있다.

유럽에서 도시 역사의 연구는 1960년대 중반부터 본격화되었다. 제2차 세계대전의 전후 복구과정과 경제호황 국면에서 도시를 중심으로 한 소비문화가 빠르게 확대되면서 도시의 일상생활, 소비 문제에 대한 고민, 도시에서의 삶의 질에 대한 욕구가 늘어났기 때문이다. 그다음엔 사회사의 범위가 넓어지면서 부분적인 연구대상에 불과했던 도시 문제가 독자적인 연구주제로 부각된 이유도 있다. 1970~1980년대 유럽의 도시 연구자들은 도시 내부의 슬럼 형성, 도시 폭력, 도시 내의 양극화, 사회

갈등 등을 마르크스주의적 분석을 통해 작업했다. 프랑스에서는 아귈롱, 르캉 등 대표적인 사회사가들이 도시 공간구조에 관심을 가지면서 산업화 시기의 도시 공간과 사회적 갈등의 상관성을 연구했다.

2. 도시 이론의 변화과정

인간은 도시에서 태어나 성장하고 살아가다 죽는다. 이런 의미에서 도시는 인간의 총체적 삶의 모습을 담고 있다. 도시를 문화적인 관점에서 바라본다는 것은 사회화 과정과 끊임없이 상호작용하는 사회적 공간$^{social\ space}$뿐만 아니라 사람들이 사는 일상 공간$^{life\ space}$으로서의 도시를 이해하는 것이다. 이것은 인간의 다양한 삶과 그와 관련된 집이나 일터, 쉼터와 같은 공간으로서의 도시를 이해하는 일이기도 하다.

도시에 대한 접근에는 크게 세 가지 흐름이 존재한다. 도시의 생활양식과 관련해 일반적 정의를 내리는 '고전적 도시론', 도시가 다양한 의미를 지니게 되는 과정에 초점을 두면서 개별 도시들이 지닌 독특한 문화의 의미를 추적하는 '현대도시론', 그리고 근대성에 문제를 제기하면서 도시의 복합성과 맥락성, 의미체계를 둘러싼 권력 관계에 초점을 두는 '탈현대 도시론'이 그것이다.

고전적 도시론자들은 도시의 성격을 농촌과 비교하면서 설명했다. '퇴니스'의 이익사회론, '뒤르켐'의 유기적 연대론, '베버'의 합리적 의지론, '마르크스'의 자본주의 생산양식론은 근대적인 인간관계와 조직, 체제의 관점에서 도시의 성격을 규정한 이론들이다. 워스의 도시생활양식론과 짐멜Simmel의 근대 문화론은 좀 더 문화적인 측면에서 도시를 다룬 이론이다. 워스는 생활양식으로서 도시성을 근대도시의 본질로 보면서 농촌과 대비되는 몰개성과 소외를 도시문화라고 정의했다. 짐멜은 근대 이전 농촌 및 소도시와 근대도시를 시간상으로 대비시키면서 도시문화를 근대성의 문화로 규정했다. 짐멜은 1903년의 「메트로폴리스와 정신적 삶」이라는 논문에서 도시인의 특징적 성격을 다음 4가지로 규정했다.

1. 도시인들은 지성을 통해 심장 대신 머리로 반응한다.

2. 도시인들은 계산적이다. 모든 행동의 이익과 손해를 도구적으로 저울질한다.

3. 도시인들은 삶에 지치고 싫증이 나 있다.

4. 도시인들은 감정을 보이거나 표현하지 않은 채, 침묵의 보호막 뒤에 숨어버린다.

현대 도시론은 도시를 일종의 텍스트로 간주하면서 도시문화의 차별성이 형성되는 과정, 즉 도시의 다양한 의미화 과정을 탐구하는데 그 초점을 두고 있으며, 여기에는 크게 세 가지 접근방식이 있다. 첫째는 건축 형태의 차이가 도시를 차별화한다는 '건축학적 접근', 둘째는 도시의 의미에 사회적 구성의 초점을 둔 '사회공간적 접근', 셋째는 개인의 기억 및 경험과 사회적 의미와 가치, 역사적 의미에 대한 관계로 도시를 이해한 '도시미학적 접근'이다.

탈현대 도시문화론은 시간과 역사를 중요하게 생각하고 공간과 지리를 낮추어 보는 근대학문체계에 대한 비판 속에서 공간의 의미를 부각시키며 등장했다. 탈현대 도시문화론에도 크게 세 가지의 접근방식이 존재한다. 첫째, 사회적 복잡성, 사회체제의 개방성, 사회적 삶의 이질성, 인간의식과 주관성의 중요성을 강조하면서 복합성과 맥락성, 우연성과 비판성을 도시공간의 핵심요소로 규정하는 '포스트모던 공간론', 둘째, 공간과 육체, 욕망의 관계에 대한 이야기들을 통해 도시공간을 보다 감성적으로 독해하여 자유롭고 정서적으로 풍요로운 삶을 기획하고자 비판적이고 실천적인 연구를 하는 '공간육체론', 셋째, 도시문화 현상을 구체적인 상황과 맥락에 주목하여 바라보고,

도시공간의 의미체계$^{\text{signifying system}}$와 도시 권력의 다양한 차원 및 매개에 대한 분석을 강조하는 '공간 문화정치학' 등이 그것이다. 탈현대 도시문화론은 이처럼 공간, 주체, 권력$^{(정치)}$ 세 가지 측면의 영역에서 상호 어떻게 작용하는지를 연구 대상으로 삼는다. '공간과 권력'의 결합 부분은 공간을 생산, 지배, 통제하는 사회적 권력의 작용에 관해서 연구하는 것이며, '공간 주체'의 결합 부분은 지배적으로 생산된 공간에 대해서 개별주체들이 공간을 재현하는 방식을 연구하고, 마지막으로 '주체와 권력'의 결합 부분은 사회공간의 구성원을 이루는 다양한 공간 주체들$^{(성, 인종, 민족, 세대 등)}$ 간의 권력관계와 갈등, 정체성을 연구하는 영역이다$_{(김인·박수진, 2006: 280~285).}$

3. 도시 이론의 대가들

20세기 사회과학 이론가들인 마르크스, 베버, 뒤르켐은 도시공간에 대한 이론에도 많은 영향을 미쳤다. 1920년대 시카고대학에서 탄생한 도시사회학 역시 베버와 뒤르켐의 영향을 받았다. 마르크스 역시 자본주의적 근대도시의 이해에 유용한 이론을 제공해 주었기 때문에, 1970년대 신마르크스주의적 도시연구자들은 마르크스의 영향하에 도시이론을 확립하였다.

이들의 주된 관심사는 역사적 도시의 변화에 대한 것이었지만, 보다 근본적인 관심은 근대에 새롭게 등장했던 인간과 사회경제 구조 간의 관계였다. 이들의 견해는 오늘날까지 도시에 대한 생각의 기초를 이루고 있다.

산업혁명 초기의 사회주의적 도시 분석: 마르크스와 엥겔스

칼 마르크스Karl Marx는 사회의 생산양식, 계급구조, 사회구성체 등 구조적인 현상에 관한 연구로 자본주의 체제 전체의 사회, 경제, 정치의 본질을 파악하고자 했다. 그 결과 19세기 자본주의 사회에 대한 구체적인 사회, 경제, 역사적인 것에 대한 변증법적 연구를 통해 역사 발전의 이론을 제시했다. 마르크스는 도시를 생산양식과 같은 사회경제적 구조가 구현된 공간적 틀로 보았다. 따라서 도시의 속성은 사회경제적 구조의 실체에 대한 이해를 통해서만 알 수 있다고 생각했다.

그의 이론에 의하면 도시는 발전 단계별로 역사적 역할을 수행한다. 고대는 귀족이 토지를 소유하고 노예들이 생산을 담당하는 사회경제 구조를 지녔다. 이러한 구조하에서 도시는 귀족이 지배하는 정치적, 행정적, 군사적, 중심지였다. 따라서 도시에 의한 농촌의 통제는 정치, 행정, 군사적 기구들을 통해 가능했다.

도시의 지배계급은 농촌의 대규모 토지소유를 기초로 하였기 때문에 도시민의 삶은 주변 농촌의 경제활동에 의존했다. 중세에는 농업적 생산관계가 지배적이었고, 도시와 농촌 간의 대립이 일어나기 시작했다. 12~13세기부터 도시가 성장하기 시작하고 도시와 농촌이 분리되면서 봉건제의 근본적인 모순이 드러났다. 이러한 모순을 통해서 부르주아라는 새로운 사회계급이 나타났다. 도시를 기초로 형성된 부르주아 계급은 봉건적 생산양식에 관해서 봉건 지주와의 대립으로 근대 상업자본주의를 확대시켰다. 이러한 도시와 농촌의 대립을 통해서 성장한 자본주의 체제는 시민혁명과 산업혁명이라는 두 혁명을 거치면서 성장하였다. 이로써 도시는 시민혁명과 산업혁명을 통해 사람들이 도시로 몰려들고 대중들의 의식이 향상되면서 다원적인 대중문화와 이념을 생산하고 일상생활을 통해 전파하는 장소가 되었다. 이러한 과정 속에서 도시는 정치 경제, 사회, 문화 등의 모든 층위에서 근대적 변화를 주도하면서 농촌까지 영향력을 확대하게 된다. 산업혁명으로 인해 도시로 이주한 농민들은 도시노동자가 된다. 초기 산업사회에서는 자본가들이 이러한 노동자들의 노동력을 이용해서 막대한 이윤을 얻는다. 이 과정에서 발생하는 자본주의의 모순 때문에 사회주의 이념이 나타난다. 이렇게 해서 도시는 자본주의를 등장시키고 발전시킨 공간이면서 자본주의에 대립되는 사회주의를 발생시키는 공간이 된다. 이에 마르크스는 자본주의 사회의 근본적인 자본가의 체제에 관한 연구로 『자본론Das Capital』을 저술하게 된다.

자본주의적 근대도시 연구자에게 마르크스의 정치경제학 분석방법을 기본으로 하는 사회경제사적 관점이 유용한 이론적 배경을 제공한다. 또한 문화사적 방법에 따른 도시경관에 관한 연구도 상품의 교환가치에 대한 설명 틀로 활용되면서 19세기 이후 도시공간을 하나의 거대한 소비상품으로 만든다. 도시 하층민들은 열악한 주거환경 때문에 도시 인프라망과 접근도 용이하지 않으면서도 아케이드와 같은 기념비적 건축물들과 거대한 쇼핑센터들이 제공하는 시각적 화려함 속에 길들어 자신들도 도시라는 하나의 화려한 상품을 소비하고 있다고 느낀다. 부가 증대되고 도시가 개발됨에 따라 하층민은 오히려 더 열악한 생활을 하게 된다. 결국 마르크스는 자본주의적 근대도시가 노동계급의 삶이 더욱 궁핍해지고 주거환경이 열악해짐에 따라서 자본주의 체제를 혁명적으로 변화시킬 노동계급의 의식화에 영향을 미친다고 생각했다.

프리드리히 엥겔스Friedrich Engels는 22살이던 1842~1844년까지

맨체스터에 체류했다. 그는 이때의 경험으로 산업혁명 초기의 사회상을 보여주는 『영국 노동자계급의 상태』를 쓰게 된다. 엥겔스는 산업혁명의 발생지인 영국의 도시들을 여행하면서 계급에 따라 도시공간 내 거주지역이 분리되는 것을 보았다. 또한 거리와 같은 도시 인프라는 부르주아 계급의 이해관계에 따라 만들어진다는 것을 알게 됐다. 여기에서 도심 한복판의 상업지구는 관공서와 상점이 있는 곳으로 교통이 밀집되어 있지만 밤이 되면 텅 빈 노동자의 거주지로 변하는 곳이다. 그 주변을 둘러싸고 부르주아들이 살고 있고 상층 부르주아들은 보다 멀리 떨어진 공기가 좋은 교외주택에 거주한다. 엥겔스는 슬럼가에 사는 노동자들의 비참한 주거환경을 보고 인간적인 분노를 느꼈으며 이러한 구조를 만든 자본주의를 비판한다. 그는 주택문제가 사회혁명의 성공 이후 토지와 주택의 국유화와 필요에 따른 배분을 통해 해결된다고 생각했다.

마르크스와 엥겔스의 사유 속에서 도시는 부르주아의 정치적, 경제적, 사회적 힘이 생겨나고 발전하는 곳이며 동시에 산업자본주의의 모순이 극명하게 드러나는 장소로 노동계급의 의식화가 동시에 이루어지는 공간으로 규정되었다. 특히 1980년대 이후 도시문화가 발전하면서 마르크스·엥겔스적 도시이론은 소비사회의 상품논리가 도시에 작동하는 방식과 욕망에 관한 연구를 크게 활성화시켰다.

자본직업윤리로서의 도시: 막스 베버

막스 베버Marx Weber는 사회경제적 구조 대신에 자유의지를 가진 주체의 행동을 강조했다. 그는 마르크스와 달리 사회적 과정을 도출한 개인의 주관적 동기에 관심을 기울였다. 그는 1920년에 출판한 종교사회학 논문집 1권에 실린 『프로테스탄트 윤리와 자본주의 정신』에서 근대 서구의 자본주의가 성장한 계기를 자본주의 정신과 청교도의 현세적인 금욕윤리 사이의 친화성으로 설명했다. 베버는 이러한 프로테스탄트 윤리가 영리를 목적으로 하는 자본주의적 직업윤리를 탄생시켰고 노동을 소명으로 생각하는 근대 노동자를 창출함으로써 자본주의 형성과 발전을 촉진하는데 기여했다고 주장했다. 베버에게 도시란 프로테스탄티즘이라는 합리적인 생활방식이 이루어지는 곳이었다. 그는 1921년 발표한 논문 「도시」를 통해서 서유럽의 중세 도시를 자본주의라는 새로운 사회조직을 탄생시킨 근원으로 보았다. 「도시」에서 베버는 서양의 근대국가와 자본주의 성장의 동인을 파악하려는 목적으로 중세도시의 기능과 역할, 역사적 의미를 파악하려고 하였다.

베버에게 있어서 도시는 단순히 사람이 많이 모여 사는 곳이 아니다. 그에게 도시는 상업에 종사하는 사람들의 거주공간인 하나의 시장이다. 아울러 그는 도시가 경제적 활동이 정치·행정적 합의 속에서 나타나기 때문에 정치적인 측면에서도 분석되어야 한다고 생각했다. 그는 도시 공동체가 중세 서유럽의 일반적인 현상으로 1) 성채 2) 시장 3) 도시 자체의 법정 혹은 자율적인 법 4) 구성원들 간의 결사체 5) 최소한의 자치와 독립성, 즉 시민이 참여하는 선거를 통해 구성된 기구들에 의한 행정이라는 5개의 특징을 보인다고 생각했다.

중세 도시는 경제적으로 상공업의 중심지로, 법 제도적으로 자유와 자치가 실현된 지역이며 형태적으로 성벽에 둘러싸인 곳이었다. 이들 도시에서 상인, 수공업자들은 봉건적 정치경제 질서나 종교적 공동체 질서가 아닌 개인주의에 기초한 인간관계를 형성하며 결사체인 길드를 조직한다. 처음에 수공업과 상업 종사자들의 경제적 결사체였던 길드는 시간이 지남에 따라 시민을 중심으로 하는 정치적 결사체로 변했다. 이후 시민자본가와 소규모 자본주의적 장인들은 도시에서 정치적으로도 핵심적인 역할을 하였다. 베버는 도시를 통해 서유럽

중세 도시들이 어떻게 봉건체제에 도전하여 근대 자본주의 사회와 근대국가로 발전해 나갈 수 있었는지를 탐구했다. 마르크스는 도시를 농촌의 봉건적 생산양식에 대비되는 자본주의적 생산양식이 생겨난 사회경제적 공간으로 본 반면, 베버는 도시를 인간의 합리적 의지나 관계가 조직되는 장이자 정치·경제적 결사체가 생겨나고 활동하는 공간으로 본 것이다.

사회적 연대로서의 도시: 뒤르켐

에밀 뒤르켐Emile Durkheim은 먼저 사회 구성원들이 그들의 믿음과 가치에 대한 공유된 의식인 집합의식 내에서 생활한다고 생각했다. 개인의 사고와 활동을 제약하는 집합의식의 산물인 법률, 도덕적 권위, 사회적 규범과 관습을 통해서 사회적 현상을 알 수 있다고 여겼던 것이다. 뒤르켐은 1893년 출판한 『노동분업론』에서 사회적 노동 분업의 원인과 결과, 기능, 사회적 관계의 정상성과 비정상정 문제를 기초로 하여 집합의식과 사회조직 유형의 발생, 변화 및 이에 따른 연대를 연구하였다.

그렇다면 사회적 연대란 어떻게 이루어지는가? 『노동분업론』에서 뒤르켐은 분업을 단순히 경제적 효용에 그 가치가 한정되는 것이 아니라 사회적 연대를 가능하게 하는 도덕적인 성격을 가진 것으로 보았다. 뒤르켐은 분업이 진행될수록 집합의식이 약화되고 개인들 간의 상호 이질성이 증가한다고 보았다. 하지만 이것은 사회적 유대를 없애는 것이 아니라 오히려 개인 간의 상호의존성을 증대시켰다. 즉 노동 분업에 따라 집합의식의 약화가 심화되지만 산업화, 도시화, 전문화, 관료제화가 이질적인 개인 간의 상호의존성을 증대시켜 집합의식의 연대를 만든다는 것이다.

여기에서 도시는 기계적 연대mechanical solidarity에서 유기적 연대organic solidarity로 사회적 관계가 변하는 공간이 된다. 도시는 개개인들이 다른 사람들과 밀착된 접촉을 유지하기 위한 요구의 결과로 도시의 구성원들이 접촉하는 장소이다. 따라서 대도시는 사회가 발달하는 모습을 가장 잘 보여주는 곳으로 사상, 패션, 풍속 등 새로운 요구들이 발전하고 다른 지역으로 확산된다. 도시에서 직업의 분화가 심화되면서 전통적인 사회의 기계적 연대에서 근대사회의 유기적 연대로 인간관계가 변화된다. 도시는 분업구조와 사회적 네트워크가 이루어지는 장소가 된 것이다.

뒤르켐은 도시를 사회의 조직을 변화시키는 하나의 요인으로, 도시가 역사적 행위의 발생 장소나 배경이 아니라 행위를 이끌어가며 인간의 삶에 영향을 주는 구조라고 생각했다. 따라서 도시화 된다는 것은 공간의 집중과 확장이라는 물리적 변화뿐만 아니라 인간관계와 사회적 의식의 변화도 의미하게 된다. 현대의 도시는 전통적인 사회관계의 붕괴로 일탈적 개인주의를 발생시키고, 그 결과 도시적 병리 현상인 아노미 anomie(규범해체상태)를 겪게 된다. 뒤르켐의 도시에 대한 성찰은

<표 4> 고전이론가들의 방법론과 도시론 비교

구분	마르크스	베버	뒤르켐
연구의 초점	- 구조	- 개인	- 관찰 가능한 대상
방법론	- 실재론 - 소급적 방법	- 방법론적 개체주의 - 해석학적 이해 - 이념형 연구	- 경험주의 - 실증주의
분석차원	- 생산양식 - 계급	- 합리화 - 조직화	- 노동분화
도시관	- 자본주의 생산양식의 구축장 - 도시와 농촌 분단	- 인간 합리성이 구현되는 조직이나 장	- 기계적 연대에서 유기적 연대로 변화되는 장
근대도시이론 관련학파	- 신마르크스학파	- 신베버주의학파	- 도시생태학파
근대도시이론에서 설명인자	- 도시의 계급, 축적구조 - 노동력의 재생산과 자본축적	- 도시분재체계 및 관리 조직 - 공공재의 도시관리	- 도시 생태공간과 생활양식 - 공간분화와 도시주의
관련이론가	- 르페브르 - 카스텔 - 하비	- 렉스 - 무어 - 팔 - 손더스	- 파크 - 워스 - 홀리

출처: 조명래(2002: 69)

후에 시카고학파에 많은 영향을 미치게 된다. 위에 적시된 고전이론가 세 명의 특징을 비교해 보면 <표 4>와 같다.

화폐로 본 도시: 짐멜

게오르그 짐멜Georg Simmel은 1900년에 『화폐의 이론』을 출판한다. 자본주의 시대에 들어와서 더욱 활발하게 유통되는 화폐를 통해 근대문화의 본질, 구조와 의미를 파악하고자 한 그는 규모, 노동의 분업, 화폐와 합리성을 근대사회의 인간관계를 구성하는 기본요소로 생각했다. 노동 분업의 확대는 기능과 활동의 다양성을 가져오지만, 또한 대도시의 문화, 환경, 규범으로부터 개인의 소외와 탈 인격화를 가져오게 된다. 이러한 결과는 주관적 자의식을 증진시키는 동시에 관계 속에서 개인을 소외시키며 사회관계에 질적인 변화를 일으킨다. 짐멜은 사회적 분화가 심화되면서 이를 규제하기 위해 나타난 것이 화폐라고 보았다. 화폐의 사용은 합리적이고 객관적이지만 이것을 사용하는 인간들 사이의 관계는 획일적으로 변해 인격적 주체성을 상실하게 만든다.

그는 1903년에 발표한 논문「대도시와 정신적 삶」에서 근대 자본주의의 문화적 양식과 사회집단 규모 간의 상관성을 대도시라는 공간을 통해 분석했다. 짐멜에 의하면 대도시는 합리성과 화폐경제의 원인이자 결과이다. 따라서 도시에 사는 개인들이 맺는 사회적 관계는 정확성, 계산성, 정밀성이 요구된다. 인구가 밀집되어 있고 대도시의 다양한 문화는 개인에게 지나치게 많은 정보를 주며, 도시 곳곳의 상품광고와 네온사인과 쇼핑센터의 시각적 화려함은 농촌에서 이주한 사람들에게 감각적 흥분을 제공해준다. 이 때문에 둔감함이 일상화되고 대도시에 거주하는 개개인의 주관적 정신이 황폐해진다.

이러한 부정적인 측면도 있지만, 대도시는 자유의 근거지이자 세계주의의 근거지이기도 하다. 대도시 안에서 인간의 삶이 도시를 넘어 보다 넓은 국가적, 세계적 영역으로 나아갈 수 있기 때문이다. 따라서 대도시는 합리적·객관적 문화와 다양한 개인들의 주관적 문화 사이의 긴장관계와 상호작용을 가지고 있다. 이렇듯 짐멜에게 대도시는 개인적인 것을 초월하는 문화의 근거지이다. 현대 도시학자들에게 그는 도시를 노동 분업과 화폐경제에 의해 지배되는 근대문화가치들이 잉태되고 성장하고 전파되는 공간으로 파악하는데 적지 않은 영향을 주었다.

산업화 과정의 문제 분석으로서의 도시: 시카고학파의 파크와 워스

20세기 초반 제1차 세계대전 이후 다양한 인종적 문화적 사회적 갈등이 도시에서 벌어졌다. 시카고학파는 급격한 산업화 과정에서 나타나는 다양한 도시현상과 문제들을 분석하였다. 이들의 주요한 주제는 도시 내부에 인종적·민족적 공간 분화, 슬럼과 노동자 밀집구역, 도시 하위문화 등이었다.

시카고학파를 이끈 파크^{Robert Ezra Park}는 1916년 「도시: 도시환경에 있어 인간행위 연구를 위한 제언」을 발표한다. 그는 이 글에서 "도시는 정신적이며 인간의 본성적인 것과 역사를 통해 구조화된 물리적 조직 간의 상호작용에 의해 형성되는 결과"라고 주장하였다. 파크는 특히 공간, 장소, 입지, 물리적 구조 등이 인간에게 미치는 영향에 주목하였다. 그는 도시 내부의 다양한 사회집단들이 형성하는 공동체들은 생물적 수준을, 전체로서의 도시사회는 문화적 수준을 반영한다고 생각했다. 도시사회는 사회를 구성하는 유기적 단위들 간의 효과적인 협동을 유도하면서 인간들의 생태적 경쟁을 제한함으로써 하나의 사회단위를 유지한다. 그는 도시의 다양한 현상들을 거주민들 사이에서 일어나는 집단적 경쟁의 자연적이고 사회적인 산물이라고 생각해 다윈의 진화론을 적극적으로 수용하였다. 그는 자연 생태계에서 일어나는 생존경쟁의 논리를 도시공간의 변동 과정에 적용하려 했고 이것을 인간생태학Human Ecology이라고 지칭했다. 인간생태학적 관점에서 도시공간의 활용과 도시생활의 양상은 특정한 공간 영역에서 다양한 사회집단이나 공동체들 간에 발생하는 경쟁competition, 투쟁struggle, 적응accommodation, 동화 assimilation의 과정을 거친 사회과정의 산물이었다. 승리한 사회집단이 그 영역을 주도적으로 지배하고 다른 집단은 이에 적응하고 동화되어간다. 새로운 집단이 경쟁에서 이기면 주도권을 가지게 되고 밀려난 집단은 다른 영역으로 가거나, 경쟁과 동화 등의 과정이 반복하면서 도시공간이 분화된다.

또 다른 시카고학파의 도시학자 루이스 워스Louis Wirth는 1928년 출간한 『게토』에서 미국 내 유대인이 게토라는 공간을 중심으로 종교적·문화적 특수성을 유지하고 해체하는 과정에 대한 연구를 했다. 그는 도시 내부 소수집단의 공동체인 게토 ghetto의 유대인 역사를 통해서 도시를 생태적 긴장관계가 낳은 공간적·사회적 과정의 산물이면서 문화적·정신적 삶을 매개해주는 일종의 제도로 파악했다. 그는 도시가 사회적으로 매우 다른 성격을 가진 것들이 대규모로 모여서 거주하는 공간이며 도시는 규모, 밀도, 기능적 유형의 차이에 따라 변화하는 것으로 생각했다.

워스는 1938년에 발표한 논문 「생활양식으로서의 도시성」에서 시카고학파의 인간생태학적 시각에는 없는 도시의 문화적 차원을 강조했다. 그는 이 논문에서 어떻게 도시가 농촌에서 살아가는 것과 다르게 사회적 상호작용을 형성하면서 생활양식이 달라지는지 밝혔다. 이 연구에서 그는 첫째, 인간의 환경적응과정에 대한 생태학적 관점 둘째, 생태적 과정에 수반되는 사회관계의 조직화에 대한 사회학적 관점 셋째, 도시화가 변화시킨 개인의 심리와 생활양식에 대한 사회·심리·문화적인 관점 등을 보여주었다. 워스는 도시화와 근대화가 낳은 사회화 과정과 문화변동 양식을 통해 도시사회의 여러 현상은 도시의 규모, 밀도, 기능적 유형의 차이에 따라 변화한다고 보았다. 또한 규모와 밀도의 측면에서 도시는 인구집단의 규모가 커져 개인의 자유가 증대되지만, 인간관계에서 개인의 중요성은 약해진다고 주장했다. 밀도의 측면에서 도시는 밀도가 증대됨에 따라 집단들의 도시 공간 분화 현상이 나타난다. 이질성은 집단을 분화시키고, 이를 중심으로 사회관계를 형성하게 된다. 하지만 이러한 사회적 관계는 중심이 없기 때문에 해체되고 만다.

워스는 도시의 독특한 생활양식을 구성하는 집합적 속성들을 도시성으로 보았다. 도시에서는 동질적인 사회적 지위를 가진 사람들이 모여 살게 된다. 이에 각 지역은 특화된 기능을 가지게 되어 도시와 지역 간 단절된 형태의 사회가 된다(민유기, 2007: 69~79). 이러한 것은 우리나라 서울에서 '강남'과 '강북'이라는 용어를 사용하는 것에서도 잘 알 수 있다. 이러한 해체상황은 오히려 개인으로 하여금 전체의 규범과 질서에 더욱 집착하게 만들기도 한다(조명래, 2002: 93~95). 이러한 시카고학파의 인간생태학적 도시이론은 생물학적 요소를 지나치게 강조해 문화적 요소의 중요성을 배제하였고, 사회적·문화적 요소에 대한 분석이 미흡하다는 비판을 받고 있다. 하지만 시카고학파의 이론은 도시 내부의 다양한 인종 공동체 간의 문제를 이해하는 데 여전히 중요한 내용을 담고 있다.

신(新)도시사회학

1960년대에 들어서면서 서구사회는 대도시 집중이 가속화되었다. 이로 인해 거대 도시들이 출현하고 도시 내부에서는 인종적, 문화적 범죄와 일탈 등의 심각한 문제점들이 나타나기 시작했다. 이러한 사회의 고도화에 따른 정치, 경제, 사회에 대한 폭넓은 새로운 도시연구의 흐름이 나타났는데, 이것을 '신도시사회학new urban sociology'이라고 한다. 이 신도시학은 베버에게서 영향을 받은 신베버주의적 접근과 마르크스에게서 영향을 받은 신마르크스주의로 나눌 수 있다. 전자는 영국의 렉스와 무어에 의해, 후자는 르페브르와 카스텔에 의해 나타났다.

신베버주의적 접근: 렉스와 무어

존 렉스John Rex와 로버트 무어Robert Moore는 1967년『인종, 커뮤니티, 갈등』이라는 책에서 도시공간구조에서 인간의 경험을 강조하는 신베버주의적 접근을 했다. 인종관계의 사회학적 연구에 초점을 둔 이 책은 도시 공간 구조가 나누어지는 현상을 관찰하면서 사회적 주체, 행위자들의 역할을 강조하였다. 이들은 시카고학파가 제시한 도시공간의 분화를 자신들의 도시이론의 중요한 출발점으로 생각했다. 즉, 도시는 시간이 지남에 따라 공간적으로 다수 지역과 지구로 분할된 소공동체로 세분되고 이러한 공동체는 자신들의 독특한 집단적 문화를 보여주게 된다는 것이다.

또한 부의 소유 정도에 따라 중상층, 노동층, 중하층으로 도시의 공간이 나누어져 사람들이 살게 된다. 이런 공간의 분화는 당연히 선호되는 주거지의 공간이 부족하므로 어느 지역에 사느냐에 따라서 도시 생활의 편리함이나 직업 선택의 기회가 결정되고 사회집단의 갈등을 유발하게 된다. 여기에서 렉스와 무어는 도시 사회 과정이 한정된 도시 공간에서 주택의 배분과 사회계층 간 주택을 둘러싼 갈등이라는 두 개의 축으로 전개된다고 주장하였다(조명래, 2002: 101~108).

마르크스적 도시접근: 르페브르

앙리 르페브르Henri Lefebvre는 자본주의 논리가 장악한 일상 영역에서 나타나는 인간의 소외 문제를 분석했다. 1920년대 말부터 프랑스 공산당에 입당해서 마르크스주의를 체계화하고 공산당의 대표적인 이론가로 활동하지만, 1958년 「후르시초프 보고서」에 관한 논쟁으로 공산당을 탈당한다. 그 후 그는 다양한 주제의 연구를 하여 1960년대는 일상생활연구, 1968~1974년에는 도시화와 공간생산에 관한 연구를 하게 된다(조명래, 2002: 129).

일상문화는 욕구와 만족을 제공하지만 동시에 결핍과 박탈감을 발생시킨다. 이러한 현대세계의 일상은 자본주의적 생산관계에 의해서 발생하지만 동시에 이런 상황을 깨뜨릴 사회적 실천의 잠재력을 내포하고 있다. 따라서 르페브르의 관심은 자본의 논리에 따른 도시계획이 어떻게 생산되고, 그 생산과정에 어떠한 모순이 발생하는지를 보여주는 것이었다. 궁극적으로 르페브르는 사회적 배제가 사라져 도시민이 도시에서 살아가는 데 필요한 사회적 서비스 시설의 확충과 이런 시설 이용에 불평등이 없어야 한다고 생각했다.

르페브르는 1970년에 저술한 『도시혁명』에서 자본주의는 잉여가치의 축적이 한계에 직면하면 도시공간을 상품화하면서 이를 극복한다고 보았다. 자본주의의 잉여생산 방식이 산업적 방식에서 도시적 방식으로 변화해 가는 것이 도시혁명이다. 그는 도시공간이 전체적으로 자본 논리에 따른 사회관계를 반영하지만, 동시에 공간이 자본주의 축적시스템을 지속적으로 유지하고 재생산하는 데 영향을 미친다고 여겼다. 그리고 산업화가 도시화와 더불어 완결됐다고 생각했다. 도시 공간은 자본주의의 산물이기 때문에 이윤생산과 노동착취와 같은 자본주의 논리에 종속되어 있다는 것이다. 따라서 자본주의 사회에서 공간이 어떻게 생산되고, 그 생산과정에서 어떤 모순이 발생하는지 밝히는 것이 그의 핵심적인 문제의식이었다.

그가 『공간의 생산』에서 고민한 것은 '공간적 실천', '공간의 재현', '재현의 공간'이라는 세 가지 차원의 상호작용에 관한 것이다. 공간적 실천은 생산과 재생산을 위해 공간을 매개로 발생하는 물리적이고 구체적인 흐름과 이동, 상호관계를 의미한다.

공간의 재현은 생산관계와 연결되는 것으로 상징, 기호, 지식 모두를 포함하여 지식이나 도시계획가, 기술관료, 과학에 근접한 예술가들에 의해 '경험되는 것'과 '지각되는 것'이 '착상된 것'으로 일체화되는 것을 의미한다. 재현의 공간은 작가와 철학자들이 묘사한 사회생활의 보이지 않는 곳이나 예술과 관련된 것으로 이미지와 상징을 통해 경험되는 공간이다. 이들 세 차원의 복잡한 관계를 통해 자본주의적 공간생산 방식이 결정된다. 따라서 계급투쟁은 공간 속에서 발견되고 공간의 재현과 재현된 공간에서 투쟁의 필요성을 강조한다. 이렇듯 르페브르에 의하면 공간은 지배관계의 재생산에 이용되고 새로운 생산양식의 출현에 기여한다.

계급투쟁의 장으로서 도시: 카스텔

마뉴엘 카스텔Manuel Castells은 1973년 출판한 『도시문제』에서 대규모로 소비하는 도시 사람들이 노동력 재생산에 필수적이며, 대규모 소비에 대한 보다 사회적인 관리와 요구를 하는 도시사회운동의 필요성을 제기하였다. 이것은 1960년대 이후 급진적인 사회운동의 확산과 도시의 다양한 모순들을 잘 설명해 줄 수 있는 이론이었다.

그는 도시를 자본주의 구조를 구성하는 하나의 사회 단위로서 집합적 소비의 중심지로 파악했다. 그리고 도시계획을 노동력의 확대와 재생산을 보장하고 사회 내부의 다양한 층위들을 연결시키는 것이 국가개입이라고 생각했다. 카스텔은 도시에서의 경제적 위기와 선진 자본주의 국가재정의 적자가 새로운 형태의 운동을 확대시킬 것이라고 전망했다. 이러한 도시사회운동은 실천적 체계이며, 이 운동의 발전은 계급투쟁 속에서 권력관계를 본질적으로 변화시키거나 혹은 도시체제의 구조적 변동을 일으킨다. 그러므로 도시빈민, 육체노동자와 전문직 노동자, 중소상인 사이의 계급적이고 계층적인 전통적 구분 없이 사회화된 도시환경을 유지하고 확대하게 된다. 그는 이 운동이 특정한 사회집단의 이해를 위한 것이 아닌 자본주의 체제를 변형시킬 가능성을 내포한 것으로 파악했다. 그 이유는 도시의 집합적 소비물이 단지 도시의 문제가 아닌 자본주의 사회의 축적질서와 관련되기 때문이다.

건조 환경으로서의 도시: 하비

하비David Harvey는 베버주의의 영향을 받은 대부분의 영국 도시사회학자들과 달리 마르크스주의를 적극적으로 수용하여 이를 지리학의 영역으로 확장시켰다. 그는 1960년대 말과 1970년대 미국 도시들이 겪는 도시사회문제(흑백갈등, 주택투쟁, 도시 재정위기 등)에 관심을 기울여 도시의 사회정의와 도시 간의 관계를 도시연구의 기본과제로 삼았다.

그는 1973년에 출판된 『사회정의와 도시』에서 도시에 대한 자유주의적 견해를 소개하면서 도시 공간 구성의 형태와 경제성장의 관련성을 연구하였다. 또한 도시에 대한 사회주의적 견해를 사용, 자본주의 사회의 도시화 과정을 연구했다. 하비는 마르크스의 『자본론』을 토대로 도시이론을 전개했는데, 자본주의 도시를 자본축적의 확대재생산을 위한 제반 필요시설이 집중된 곳으로 보았다. 또한 도시를 자본순환과 관련된 축적 위기를 타개하기 위해 형성된 공간이자 만들어진 환경인 건조 환경built environment으로 파악한다. 건조 환경은 생산과 소비를 동시에 촉진시킨다. 자본순환 영역에서 산출되는 잉여가치들이 건조 환경에 재투자되고 이는 건조 환경을 보다 생산적으로 만들며 잉여가치를 높게 만들어 자본의 순환 구조가 지속적으로 유지되게끔 한다. 건조 환경 이론은 도시 환경을 생산, 조정, 변형시키는 자본주의 논리 부각에 큰 장점을 지니고 있으며 도시연구에서도 중요한 것으로 평가된다.

창조도시에 관한 이론가들

최근 사회가 지식기반으로 변함에 따라 도시 공간에서의 창조적 경험의 중요성이 증대하고 있다. 따라서 이와 관련한 많은 논의가 진행되고 있다.

제인 제이콥스Jane Jacobs는 1961년 『위대한 미국 도시의 삶과 죽음The Death and Life of Great American Cities』을 통해 '공간적 위치 결정spatial fix'에 관해 논했다. 제이콥스는 창조성을 인간의 상호작용과 주민의 복합적 상호연결을 통해서 일어난다고 생각했다. 제이콥스는 도시계획이 토지의 사용, 거주와 사람의 혼합, 지역 구역의 연속된 네트워크 사이의 다양성을 강조해야 한다고 주장했다. 이러한 제이콥스의 생각은 1960~1970년대 진보적인 계획자들에게 공감을 불러일으켰다. 그리고 1980년 들어 도시재생이 더욱 큰 규모로 진행되었을 때보다 많은 사람의 공감을 얻었다(Fradford, 2004b: 3).

제이콥스의 주장은 경제가 국가에 의해서 발전한다는 것은 불합리한 것이고, 도시가 혁신과 경제발전의 원동력이라는 것이다. 그리고 지방이 빈곤에서 벗어나는 가장 좋은 방법을 도시화로 보고 제3세계 발전에 이러한 논리를 확장했다. 제이콥스에 따르면 도시는 수입-대체import-replacement를 통해서 부를 만든다.

도시의 탄생에 관한 제이콥스의 6가지와 모델은 다음과 같다.

1. 인간사회는 유목부족에서 시작한다.

2. 그들은 아이템을 거래한다.

3. 그들은 그들의 영역에서 찾을 수 있는 아이템과 찾을 수 없는 아이템이 있다.

4. 그들은 기술을 발전시키고 그들이 생산한 재화를 거래한다.

5. 어떤 사람이 좋은 아이디어로 큰 규모의 재화 거래를 만들어내는 하나의 허브가 발전하기 시작한다. 정기적인 거래 네트워크가 다른 재화들을 제공하기 위해서 설립된다.

6. 이러한 네트워크는 허브에 포함된다.

이러한 제이콥스의 논의에서 수입-대체^{import-replacement} 방식의 경제성장 모델은 다음의 논리를 따른다.

1. 외부의 공산품이 필요하다.

2. 그 지역에서 그 공산품을 제작하기 위해 생산방법을 배우는 사람들이 발생한다.

3. 물건의 재생산의 학습과정에서 그들은 그 물건의 생산과정에 관한 네트워크를 가지게 되고, 이렇게 해서 정적인 지식을 동적이게 만드는 변화와 혁신을 가능하게 한다.

제이콥스의 계승자인 하버드대학의 에드워드 글레이저는『도시의 승리The Triumph of the City』에서 도시가 인간을 더 풍요롭고 행복하게 만들었다고 주장하며, 향후의 도시발전도 도시의 즐거움이 무엇보다도 우선이라고 주장하고 있다. 도시화의 부작용인 도시 빈민도 도시가 가진 이동성으로부터 유래하는 하나의 역설이라는 것이다. 어떤 도시가 공립학교나 대중교통 시스템, 맛있는 식당으로 도시의 조건이 개선된다면 그곳에 사는 가난한 사람들의 삶이 개선되고, 그것은 그 도시에 더 많은 가난한 사람들을 몰고 온다. 자유사회란 도시화를 의미하며, 그 의미는 사람들의 자유 이주 권리를 내포하고 있다. 미국 유타주 솔트레이크시티는 모르몬교도가 되기에 적합한 장소이기 때문에 모르몬교도들로 가득하다. 런던은 돈을 운용하기에 좋은 장소이기 때문에 많은 은행원이 그곳에서 활동한다. 리우데자네이루 같은 도시들은 가난하게 살기에 비교적 좋은 장소이기 때문에 가난한 사람들로 북적댄다. 그곳에서는 돈 한 푼 없더라도 이파네마 해변을 즐기면서 살 수가 있다.

또 다른 제이콥스의 계승자인 리처드 플로리다Richard Florida 는 2002년 『창조계급의 탄생The Rise of the Creative Class: And How It's Transforming Work, Leisure, Community and Everyday Life』을 통해 창조적

도시에 관한 논의를 본격화했다. 그는 기업가정신과 기술적 혁신을 가진 예술적 혹은 문화적 창조성의 새로운 결합에 집중했다. 그리고 이러한 지역화된 세팅은 재능 있는 사람들이 상호 네트워크를 이루고 전문가들이 서로 만나는 것에서 발생한다고 보았다. 특히 창조적 환경은 다음 세 가지가 중요하다고 주장했다.

1. 창조도시는 풍부한 노동시장과 기술 회사, 벤처 자본가, 대학, 연구소 등이 공간적으로 근접해서 지식 노동자들을 위한 기회가 많다.

2. 창조도시에는 잘 개발되고 매력적인 젊은 직업인들의 미적 감수성과 재창조에 기초가 되는 도시 문화적 시설이 있다.

3. 도시문화는 한편으로는 다양성의 인정에 의해서, 다른 한편으로는 카페, 클럽, 음악, 극장, 디자인, 패션 등을 반영하는 거리의 지역적 기호와 매력에 의해 정의된다.

플로리다의 이론은 많은 지역에서 환영받았다. 하지만 그의 이론은 다음의 세 가지 측면에서 한계를 노출하고 있다. 첫째, 능력 있는 상위계층에 초점을 맞추고 있어 '장소의 성질'에 관한 논의가 부족하다. 둘째, 문화의 다양성을 긍정하면서 인종적 도시 노동시장의 현실을 도외시하고 있다. 셋째, 그의 인력정책은 높은 교육을 받은 사람들의 경쟁에 관해서 말하고 있는데 코스모폴리탄 도시들에는 다양한 노동시장이 있다는 것을 간과하고 있다는 것 등이다.

이러한 플로리다 이론의 약점을 보완하는 논의로서 마리오 폴즈Mario Polse와 리처드 스트렌Richard Stren의 지속가능성이론을 들 수 있다. 이들은 2000년 『도시의 사회적 지속가능성The Social Sustainability of Cities: Diversity and the Management of Change』에서 도시의 지속가능한 창조성이 경제적 불평등과 사회적 배제, 문화적 긴장과 공간적 분할의 증가를 바꿀 수 있다고 생각했다. 도시의 사회적 지속가능성은 시민사회의 조화로운 진화와 주민의 삶의 질 향상이라는 기반하에 사회적 통합을 촉진하는 문화적인 협력에 의해 가능하다는 것이다. 그렇게 되면 주민 간의 공감대를 형성하는 환경이 만들어지고 이에 따라 사회의 조화로운 발전이 가능하다고 주장하고 있다.

그러나 도시의 지속가능성 이론은 공공부문의 투자비용삭감과 노동시장의 재편성으로 위협을 받고 있다. 다양성을 통한 새로운 진보의 기회는 국가 간의 이민을 통해서 증가하고 있으나 현실은 정반대로 가고 있다. 경제적 재구조화의 영향력이

환경 파괴와 오염 등으로 건강의 위험지대에 노출된 이웃들과 도시 거주자(소수인종, 여자, 노인, 이민자 등)들에게 일방적으로 부정적 영향을 미치고 있는 것이다. 이러한 문제를 해결하는 방식으로 이들은 도시의 다양한 부분들을 통합적으로 연결하여 전체적으로 재구성하고, 공공 서비스와 고용에 대한 접근 가능성을 증가시키는 '장소 매니지먼트' 정책 역할이 중요하다고 주장한다. 그리고 이에 따른 주거와 급식배급, 공공 건강, 이웃계획 등 사회 경제 네트워크를 가진 지역 시민사회의 역할이 중요함을 내세우고 있다.

팻시 힐리Patsy Healey는 1997년에 쓴 『협력적인 계획들 Collaborative Planning: Shaping Places in Fragmented Societies』에서 혁신적 도시 거버넌스 구조하의 지역계획 프로세스에 관한 사례를 만들었다. 힐리의 "공간을 나눠서 우리의 공존성을 관리한다"는 말은 어떠한 결정을 하는데 인종, 성, 빈부, 비즈니스와 예술에 종사하는 사람의 다양한 주장을 포함하는 것을 의미한다. 따라서 이러한 다양한 요구를 통합하는 것에는 문화적 차이나 사회적 불평등과 같은 경제와 환경적 목적 등을 조절할 필요가 생긴다. 이것이 '창조적 의사결정creative decision-making'이다. 이러한 방법으로 힐리는 지역 환경의 거버넌스에 초점을 맞춘 협력적 문화 공동체가 공공영역을 재창조하는 데 큰 역할을 해야 한다는 결론을 내린다.

찰스 랜드리Charles Landry는 2000년 『창조도시The Creative City: A Toolkit for Urban Innovators』를 통해서 다양한 창조도시를 종합, 정리하였다. 여기에서 그는 경제, 사회, 환경의 도시재생을 자극할 수 있는 창조적 자원들을 포함하여 문화의 개념을 넓게 적용하는 것과 창조성을 장소 및 특성화 문맥에서 파악했다. 즉 도시의 특징적인 문화적 자원들은 도시의 미래를 재창조하고 다시 상상의 소재를 도시에 제공하는 독특한 정체성과 전통을 표현한다. 랜드리의 중요한 분석적 틀로서는 창조성, 혁신, 학습의 구분을 들 수 있다. 창조성은 새로운 아이디어를 생산하는 것이고, 혁신은 새로운 아이디어라는 수단을 통한 프로세스이고, 학습은 창조성과 혁신을 연결하는 것으로 아이디어의 실행 가능성을 시험하고 자원을 움직이는 것이다(Landry, 2005: 3~6).

이러한 창조도시의 창조적 역량을 측정하는 기준은 '문화'이다. 여기에서 문화는 단순히 문화예술로서의 문화가 아니라, 보다 큰 개념의 문화 즉 문화의 속성인 다양성, 유연성, 개방성 등을 포괄한다. 랜드리는 창조적 도시 성장에 있어서 문화의 중요성을 역설하며 창조적 도시의 개념과 의의를 보다 구체적인 사례를 기반으로 설명하고 있다. 현재 전 세계적인 도시의 문제, 즉 빈부 격차, 실업 문제, 환경오염, 교통 문제를 푸는 해법은 창조적인 사고와 역량이며, 또한 도시는 새로운 발전의 축으로서 창조적인 힘이 필요하다는 것이 그의 주장이다. 즉 이러한 도시발전을 통해서 즉, 예술적이고 획기적인 창조력의 도시를 통해 새로운 시대를 열 수 있다는 것이다. 이러한 창조 도시는 도시의 새로운 지향을 말하는 것으로 문화도시의 범주를 한층 더 확장한 것으로 볼 수 있다.

3 문화의 관점에서 본 문화도시

1. 문화의 확대와 포용

1) 포디즘과 포스트포디즘

포디즘Fordism은 포드공장에서 자동차를 생산하는 방식에서 유래했다. 이것은 표준화된 상품의 일정한 생산을 위해 조절된 작업장에서 자동차를 대량생산하는 것을 말한다. 1914년 헨리 포드Henry Ford가 '하루 5달러, 8시간 노동'이라는 보상체제를 미시간주 디어본Dearborn에 세운 자동화된 자동차 조립설비공장 노동자들에게 도입함으로써 시작되었다(하비, 1994: 168). 이에 반해 포스트포디즘Post-Fordism은 좀 더 유연했다. 이전의 경직된 대량생산 라인에서 벗어나, 시장의 변화에 적절히 대처할 수 있는 범용 기계와 숙련 노동자들로 구성되는 혁신적인 생산체제가 포스트포디즘이었다. 기존 산업 축적체제의 경직성^{rigidity} 문제를 유연성^{flexibility}이라는 개념으로 해결하려고 한 것이다. 1973년 제1차 오일쇼크 이후 다양화된 시장, 소비자 선호의 급격한 변화에 대한 자본의 대응으로 포스트포디즘적 생산이 나타났다. 유연 생산에서는 재고품목을 쌓아두기보다는 알맞은 시기에 판매하는 것을 목표로 했다. 따라서 재고창고에 대한 부담이 없었다(레니에쇼트, 2001: 102~103).

포디즘의 특징은 규격화된 생산라인에서 분업을 통한 동일제품이 대량생산되는 것이다. 이러한 동일제품의 대량생산은 제품의 획일화와 표준화로 가능해진 것이기에 대량의 재고가 발생한다. 무엇이든 대량으로 만들기 때문에 자원이 많이 들고, 노동자들은 단일한 일을 반복해서 수행한다. 노동자들이 기계적으로 같은 일을 반복하기 때문에 누구라도 그 자리를 대체할 수 있다. 따라서 직업의 안정성이 떨어지고, 비슷한 일에 대량 고용되기 때문에 지역 노동시장의 균질화를 가져온다.

반면, 포스트포디즘은 다양화된 고객들의 욕구를 만족시키기 위해 다품종 소량생산에 유연한 생산을 기본으로 한다. 즉 포스트포디즘의 생산체제는 고급화되고 분화된 시장수요에 유연하게 대처할 수 있는 다양한 생산장비와 이것을 이용한 작은 양의 다품종 상품을 탄력적으로 생산하는 것이다. 이러한 생산방식은 소비자의 다양한 기호를 맞춰야 하기에 생산조직이 개별화, 외부화된다. 다른 기업과 상호분업적인 관계가 형성되기 때문에 기업 간의 다양한 분업적 네트워크가 형성된다. 이러한 유연한 네트워크적 형태는 단지 물건을 만드는 생산 부분에만 한정되는 것이 아니라 생산 전후 단계인 서비스, 판매, 마케팅, 연구개발, 자금조달 등의 다른 활동에도 영향을 미쳐 산업 전체의 유기적 연계성과 유연성이 증가한다(조명래, 1999: 72).

이러한 사례로 '제3 이탈리아'와 '미국의 실리콘밸리'를 들 수 있다. 제3 이탈리아 지역은 전통적인 공예기술을 이용해서 지역 중소기업 간의 분업과 협력의 네트워크가 잘 조직되어 있다. 실리콘밸리의 경우 첨단산업을 중심으로 중소규모의 다양한 기업들이 창업하고, 창업한 회사들이 네트워크를 통해 흡수·통합되면서 다양하고 새로운 IT 기업들을 만들게 된 사례이다. 포디즘과 같이 하나의 제품을 대량생산하지 않기 때문에 재고가 발생하지 않고 수요에 따라 생산하게 된다. 또한 제품생산에서 분업과 달리 한 사람이 여러 제조공정에서 일하기 때문에 직업분화가 사라진다. 전문적 노동자는 높은 고용

안전성이 보장되지만, 단순직 시간제 노동자는 직업 안전성이 떨어진다. 포스트포디즘은 소비자의 욕구에 맞추는 다품종 소량생산을 하므로 노동시장이 다양화된다. 더불어 대규모 생산 라인에서 일하지 않기 때문에 협력과 책임감이 강조된다.

2) 모더니즘에서 포스트모더니즘으로

모던Modern이라는 말은 하버마스Harbermas에 의하면, 18세기 계몽주의사상가들이 객관적인 과학과 보편적 도덕률, 자율적 예술가들이 자신의 내적 원리에 따라 발전하기 위한 노력에서 유래한 개념이다. 이러한 노력은 합리성에 근거한 인간해방과 일상생활의 풍요를 위해 지금까지의 신화, 종교, 미신의 비합리성에서 해방되는 것을 뜻한다(하비, 1994: 30). 즉, 모더니즘은 미신과 비합리성에서 벗어나려는 근대 이성을 기반으로 합리성과 효율성을 추구하였다.

포스트모더니즘post-modernism이란 용어는 토인비가 1939년에 쓴 『역사연구The Study of History』에서 1918~1939년 사이를 포스트모던 시대가 시작된 것으로 규정함으로써 처음 사용되었고, 1970년대 들어 건축, 그림, 음악, 무용, 영화 등의 새로운 미학 양식을 설명하는 개념으로 사용하였다. 이러한 포스트모더니즘은 니체의 계몽 이성에 대한 비판에 영향받은 프랑스의 미셸 푸코, 데리다, 들뢰즈 등의 학자들에 의해 하나의 철학적 사조로 굳어졌다.

이러한 포스트모던적 인식방식의 특성은 다음과 같다. 첫째, 절대성을 거부하며 이성에 대해 회의하면서 그동안 배제되어왔던 비이성적인 것에 주목한다. 둘째, 탈 중심과 해체를 이용하여 모던의 억압구조를 거부하고 다양성과 복수성에 관해 관심을 기울인다. 셋째, 타자와 지역에 대한 강조로 권력과 중심이 아닌 외곽, 자아가 아닌 타자, 중앙이 아닌 지방, 남성이 아닌 여성적인 것을 강조한다. 넷째, 문화와 미학에 주목하여 생산보다는 소비, 언어, 문화에 관심을 가지고 추론과 논리보다는 구체적인 것과 미학적인 것을 중요시한다. 이렇듯 현대의 철학적 사조의 변화추세와 마찬가지로 도시도 예외 없이 모던의 성격에서 포스트모던의 성격으로 이행되어가고 또 서로 혼재하는 양상을 띠게 된다.

다양한 사람들이 모이고 살아가는 도시는 그만큼 다양한 삶을 만들어내는 공간이 되었다. 이러한 사람들의 활동을 통해서 도시는 끊임없는 변화를 거듭한다. 근대 이전에는 사회 전체의 경제적 기반이 농촌에 있었지만, 산업혁명 이후에 급속한 산업화로 경제의 중심지는 도시로 이동했다. 이러한 산업화는 도시의 분화를 더욱 더 가속화시켰고, 또 대규모 공단과 항만, 대규모 주거단지를 만들면서 건조환경을 만들게 되었다. 생산과 소비를 중심축으로 한 산업화는 결국 주거환경의 문제와 자동차의 급격한 증가 및 공장의 오염물질로 인한 환경오염의 문제를 가져왔다. 이후 도시 정책은 이러한 문제점을 해결하는 데 관심을 기울이게 되었다.

현대도시는 탈산업화 혹은 탈공업화로 표현되는 포스트포디즘적(유연적) 축적체제를 위해 그 도시환경을 변화시켰다. 기술, 정보, 지식 집약적인 부분들이 도시의 중요한 산업활동의 모태가 되었고, 다양한 첨단 생활 도구와 방식이 소비생활을 더욱 고도화시켰다. 도시의 외관은 모더니즘적 관점 즉, 전체적인 외관상에서 예술성을 찾는 것에서 포스트모더니즘의 특징인 도시의 사회적, 정치적 가치들이 다원화, 파편화되는 현상으로 나타났다. 이처럼 현대도시는 포스트모던 사회문화를 집약적으로 담아내게 되었다. 그러나 이에 따른 도시민의 삶은 다원화되고 파편화되었다. 동시에 차별화의 강조는 계층 간의 사회·공간적 양극화 현상을 병존시키며 점점 더 그 간극을 심화시키고 있다.

존 레니에쇼트John Rennie Short에 따르면 포스트모던 도시의 특징은 새로운 경관, 신 엔클로저 운동, 새로운 도시문화 세 가지가 중요한 요소로 작용한다. 포스트모던은 특히 건축에서 먼저 가시화되었는데, 그 특징은 직선적이고 네모반듯한 현대적 고층빌딩에서 그리스의 사원이나 르네상스 시대의 궁전, 바로크 건축 양식이 공존하는 것이다. 즉, 옛것과 현대적인 것의 결합이 포스트모던 건축의 특징이 된다. 두 번째로 엔클로저운동은 18세기 후반에서 19세기 전반에 절정을 맞은 공동 경작지의 사유화, 개방경지의 구획화, 공동토지의 사유화를 일컫는다. 이는 벙커 건축의 형태로 거주자와 친구 외에는 개인 비밀경호, 벽, 문, 울타리 등을 통해 개인의 공간을 보호하는 것으로 나타났다. 새로운 도시문화는 인간 삶의 질과 좋은 환경에 힘쓰고 다양성에 대한 논쟁과 비판을 수용하는 것이다(레니에쇼트, 2001: 41~44).

포스트모더니즘이 전형적으로 드러난 것은 바로 문화 현상이었다. 포스트모더니즘은 기존의 일원론 중심의 세계관을 비판하면서 타자와의 차이를 강조하였다. 사회적 소외집단, 문화적 차이, 다양성 등을 중요시한다.

이렇듯 현대도시는 탈산업화 혹은 탈공업화로 표현되는 사회변동의 속성을 그대로 가지면서 발전하고 있다. 기술, 정보, 지식 집약적인 부분을 중심으로 새로운 도시문화가 창출되고 이를 통한 부가가치의 생산으로 도시의 산업 활동이 전개되는 것이다.

문화경제의 발달에 따라 첨단기술을 활용한 소비생활이 더욱 고도화되고 도시의 건축물, 경관, 형태들은 미학성이 심화되어 갔다. 아울러 도시의 사회적, 정치적 가치들은 다원화, 파편화되는 현상들이 두드러졌다. <표 5>는 이러한 일원론 중심의 모던적 '중심지 도시체계'와 포스트모던적인 '네트워크적 도시체계'를 비교한 것이다.

1980년대에 기존의 정치, 경제, 문화구조가 해체되면서 그동안 위계적이고 획일화된 중심 체제하에서 억압되었던 많은 것들이 다양하게 자신의 정체성을 주장하며 출현하였다. 사회, 문화적인 측면에서도 모던 도시하에서 보였던 계층분화에 많은 새로운 변화가 일어났다. 이것은 성, 인종 등 사회문화적 요인의

<표 5> 중심지 도시체계와 네트워크 도시체계의 속성 비교

중심지 도시체계	네트워크 도시체계
중심성	결절성
규모 의존성, 단핵의존	규모중립, 상호의존
수위성, 종속성	유연성과 보완성을 지향
동질적인 재화와 서비스	이질적 또는 전문화된 재화와 서비스
수직적 접근성	수평적 접근성
일방 흐름	양방향 흐름
교통비	정보비
공간적 완전경쟁	가격 차별성과 불완전 경쟁

출처: Batten(1995: 319)

변화에 의해 도시 내부의 모던적 구조가 급격하게 변했기 때문이다. 예를 들어 부동산 개발붐, 일부 역사적 장소의 복원과 보전, 전통적인 경관의 재창출, 문화·쇼핑거리의 활성화, 불량주거지의 중산층 주거지화 등을 통해 도시의 형태가 급격히 달라졌다. 이러한 도시 공간구조의 변화는 포스트모던 도시의 또 다른 특징인 전 세계적인 차원에서의 도시 간 경쟁을 심화시켰다. 세계화와 지방화라는 상황에서 도시 간의 상대적인 역학관계가 새롭게 변화하고 있는 것이다. 이러한 변화 속에서 살아남기 위한 도시 간의 경쟁은 점점 더 치열해지고 있는데, 그 경쟁은 도시에 문화를 어떻게 활용하는가 하는 것으로 집중되고 있다. 특히 제1, 2차 세계대전에 의해 도시의 재건과 초기 산업화를 이룬 서구의 대규모 산업 중심 도시의 경우 새로운 도시 간 경쟁체제에 직면하여 대부분 몰락의 위기를 경험하게 되었다. 이 과정에서 다양한 문화적인 아이디어를 가지고 도시재건에 주의를 기울이는 상황이 나타나게 되었다.

3) 현대 도시와 인간 삶의 다양성

도시에는 매우 많은 사람이 다양한 직업을 가지고 살아간다. 출퇴근 시 교통시설에서 스쳐 지나가는 수많은 사람들을 제외

하더라도 우리는 어렸을 때부터 다양한 계층의 사람들과 만나게 된다. 그리고 성장해서 사회활동을 할 때는 더욱더 기술적이고 전문적인 사람들과 교류하면서 관계의 폭을 넓혀 간다.

도시의 크기가 2배로 커지면 1인 노동자당 생산성은 6~20% 증가한다고 한다. 도시에서의 생산성 증가는 다른 요소들에 의해 증가된 것이라고 말할 수 있다. 도시는 다양성과 생산성이 상호 밀접하게 연결되어 있다. 경제학자들이 말하는 높은 생산성과 지식 확산knowledge spillovers, 기술적 외부효과technological externalities라 부르는 것에 대한 명확한 증거가 도시이다. 지식확산이란 우리가 도구를 나눠 가지는 것을 말하고, 기술적 외부효과는 하나의 기술이 새로운 텍스트에 적용될 수 있을 때 존재한다. 지식확산은 다양성을 활용하여 하나의 복잡한 문제가 발생했을 때 다양한 기술과 지식을 가진 사람들이 그 문제에 대한 해답을 제시할 수 있음을 의미한다. 다양한 관점과 해석, 예측 모델들은 경제에서 중요한 역할을 하는 문제를 풀고 예측하는 데 도움을 준다. 이는 경제나 사회에서 예측하지 못한 문제가 발생했을 때 다양한 사람들이 집단적으로 모이면 문제를 풀어나갈 수 있다는 '집단지성'의 논의로 이어진다. 그리고 지속적으로 문제를 풀어나갈수록 혁신적 결과를 얻어낼 수 있다.

메레디스 벨빈은 그의 1984년 책『경영 팀: 그들이 성공하는 이유와 실패하는 이유Management Teams: Why They Succeed or Fail』에서 성공을 보장해주는 열쇠는 개인이 아니라 팀이라고 역설했다. 9가지의 성격유형 중 특정한 유형들로 조합된 팀이 가장 성공적인 수행능력을 보여주었다. 이 책의 머리말엔 이렇게 적혀 있다. "기업들은 그동안 구성원의 능력과 경험 그리고 성과에만 집착해왔다. 그들은 구성원의 선발과 교육, 동기부여 그리고 승진 등에 주력해 왔다. 또 각 구성원의 장점이 무엇이고 단점이 무엇인지를 두고 논란을 벌여왔다. 하지만 이렇게 하고 나서도 여전히 가장 적합한 사람을 찾을 수 없다고 생각하기 일쑤다. 그런 적합한 사람을 찾을 수는 없다. 그런 사람은 이 세상에 존재하지 않기 때문이다." 따라서 팀의 성공에서도 보듯 다양성이란 도구는 경제성장의 재료가 될 수 있다.

도시에 다양한 것이 공존한다는 것은 과연 생산적인 것일까? 암스테르담의 황금시대가 보여주었던 문화적 다양성이 그 사례라고 할 수 있다. 16세기 후반 동인도회사Dutch East India가 주도한 무역산업은 암스테르담의 폭발적인 경제성장을 가져왔다. 전 세계에서 무역거래를 위해 이민자들이 몰려들었고, 벨기에 상인들과 캘빈주의 장인들의 결합과 같이 다양한 국적의 사람들이 이합집산하면서 번영을 누리게 되었다. 다양한 사람들이 모여 경제적으로 생산적이고 문화적으로 진보적이며 종교적으로 자유로웠던 암스테르담은 이후 100년 동안 유럽에서 경쟁자가 없을 정도의 번영을 누렸다.

암스테르담의 예는 현대에 홍콩, 파리, 뉴욕, 런던, 마이애미, 싱가포르와 같은 도시에서 나타난다. 특히 미국의 성장 도시를 봤을 때 문화적 다양성과 임금, 그리고 임대료는 높은 성장률과 전반적으로 상관관계가 있다.

리처드 플로리다는 도시의 속성과 시민에게 초점을 맞춰 도시 성장에 관한 연구를 했다. 그는 1) 첨단기술 지표, 2) 혁신 지표, 3) 게이 지표, 4) 창조 계급 사람들의 비율이라는 4개 지표를 도시 창조성의 척도로 삼았다. 그리고 미국 도시에 국한 시켜 성장과 창조 지표를 분석했다. 이 네 가지의 지표가 높을수록 도시는 지속적으로 성장하고 있음을 밝혔다. 하지만 인종적 다양성의 경우에는 도시의 생산성에 반드시 도움이 되는 것은 아니었다. 오히려 인종적 긴장감은 많은 문제를 발생시키고 공공재의 형성에 낮은 기여를 했다.

결과적으로 문화적 다양성은 성장과 관계가 있지만, 인종 다양성은 그렇지 못했다. 인종 다양성은 근본적 다양성과 관계가 있지만 공공재에 대한 낮은 투자와 정치적 불안정성을 가져오기 때문이다. 한 나라에서의 언어적 다양성은 인종그룹 간에 소통의 불능을 가져오기 때문에 공통된 팀으로서의 공유 도구를 갖기 어렵다. 이러한 다양성의 논쟁에도 불구하고, 미국이나 스위스, 캐나다는 높은 인종적 다양성과 높은 GDP를 병존시키고 있다. 즉, 다양성의 이익은 존재하지만 이를 일방향적 인과관계로 쉽게 판단할 수는 없다. 그럼에도 불구하고 우리가 그것을 '도구처럼' 잘 활용할 수만 있다면, 우리에게 많은 이익과 문제의 해법을 줄 것이다. 인종적으로 다양한 나라에 혁신과 문화적 다양성이 있다면 궁극적으로 보다 나은 도시를 만들 수 있을 것이다(Page, 2007: 329~335).

2. 문화와 도시의 만남

1) 문화에 대한 인식 변화

문화도시의 대두는 문화도 경제적 수익을 창출할 수 있다는 가능성의 발견에서 시작되었다. 예술과 문화의 교육적인 측면이 강조되던 분위기로부터 진전하여 인간의 엔터테인먼트적인 측면과 연관되는 즐거움과 관련되고, 이것이 커다란 경제적 수익을 창출해낼 수 있다는 생각이 문화와 경제적 수익을 상호

연계시키게 된 것이다. 순수예술 분야까지 아우르기 시작한 대중문화는 20세기를 지나면서 예술적 순수함을 추구해야 한다는 생각에서 벗어나기 시작했다. 그리고 문화예술인들이 만드는 콘텐츠로서의 작품은 박물관에서만 볼 수 있는 문화가 아니라 일상생활에서 충분히 향유될 수 있는 것으로 인식되기 시작했다. 예술이 가진 고유한 아우라의 파괴로부터 예술은 대중성을, 즉 민주성을 획득하게 된 것이다. 문화도시는 평범한 도시 시민도 문화를 누릴 수 있고 또 그래야 한다는 예술의 아우라 파괴와 궤를 같이 한다.

문화도시에 대한 시민들의 관심은 생활 수준의 향상이 가져온 결과였다. 더불어 정보통신기술의 발달에 따라 다양한 정보를 쉽게 얻을 수 있게 된 정보화 사회에서 어떻게 하면 가치 있는 정보를 얻을 수 있는가를 삶 속에 반영하는 과정에서 더욱 주목받게 되었다. 많은 정보가 떠다닐수록 사람들은 가치 있는 정보를 원하며 그것은 형식지가 아닌 암묵지tacit knowledge로 존재한다. 암묵지는 사람과 사람의 형식적 관계가 아닌 대면적 관계로부터 쉽게 공유되며, 그러한 공유는 결국 문화적 태도의 공유로부터 나타남을 의미한다. 섹스니언도 지적했듯이 결국 정보사회에서 한 지역의 발전은 위험을 감내하는 기업가 정신이라는 경제적 제도 아래 가능하며 이는 결국 그 지역의 문화로부터 자양분을 얻는다. 문화도시는 새로운 경제발전이 필요한 시기에 새로운 도시 철학으로 부각되며 사회 전반의 문화에 대한 인식이 높아지게 된 배경으로부터 비롯되었다고 할 수 있다. 따라서 지역의 주민은 자신이 사는 곳이 문화적인 도시가 되기를 바란다. 그 대표적인 예로 유럽 문화도시 프로그램을 들 수 있다.

유럽 문화도시 프로그램을 추진하게 된 배경을 자세히 살펴보자. 1970년대 이후 유럽의 도시는 도심 외곽에 들어선 공장지대로 인해 공해 및 슬럼화가 사회적인 문제로 등장하게 되었다. 공단의 몰락과 슬럼으로 변한 도심을 재생하기 위해 지역개발 프로젝트에 예술가의 참여를 유도하고 '문화'를 변화의 핵심요소로 받아들였다. 그후 1985년 유럽의회에서 당시 그리스 문화부 장관이 문화유산 보존과 유럽의 문화적 통합에 기여한 도시를 매년 문화도시로 지정할 것을 제안했고, 이것이 받아들여져서 프로그램을 시작하게 되었다. 이 프로그램의 목적은 유럽문화의 풍요로움과 다양함, 그리고 공통의 특징을 재조명하는 한편 유럽인 상호 간의 심층적인 이해증진을 도모하는 것이다.

프로그램의 내용으로는 유럽 도시의 국제적 위상을 제고하고, 문화 활동 및 예술행사 프로그램을 수행함으로써 장기간 도시의 문화발전을 확보하고, 문화 인프라를 발전시켜 다른 유럽 도시들과의 관계를 개선하는 것이었다. 더불어 유럽의 문화협력을 증진하고 지역의 문화 관객 증대와 축제 분위기를 조성하고 창조성과 혁신성을 제고하여 지역 예술가들의 경력과 재능을 개발하는 것이었다. 유럽 문화도시의 선정기준은 문화적 다양성의 존중과 공동의 유럽문화에 대한 재조명을 통해 유럽문화의 발전과 사회적 유대를 촉진하고 문화에 대한 다양한 층위와 형태를 충족하고 있는지, 유럽 차원에서 실행 가능한 문화 관련 프로젝트가 구체적으로 계획되어 있는지 등이었다.

유럽 문화도시 프로그램의 성공 요인으로는 다음과 같은 것을 들 수 있다. 첫째, 프로그램의 다양성이다. 각 도시는 역사적, 문화적, 사회적, 경제적 발달 국면이 다르기 때문에 반드시 다양성과 독창성이 고려되어야 했다. 따라서 지역 공동의 프로젝트로서 시민과 함께 만드는 프로젝트를 개발하였다. 둘째, 지역 파트너십을 형성하였다. 지역의 파트너들과 장기적인 계획하에 사전 계획에서부터 사후 계획까지 일관성 있게 추진했다. 또한 정치적인 이해에 영향받지 않고 예술적 자율성을 가질 수 있는 운영체계를 갖추었다. 셋째, 커뮤니케이션 전략을 추구했다. 명백하게 규정된 목표와 목적, 확실한 재정적 기반을 가지고 예산

준비 단계에서부터 확실하게 목표를 확정했다. 넷째, 국제적인 비전과 리더십 기술을 가진 독립적인 지도자를 고용하였다. 다섯째, 지속적인 전략이 있었다. 장기적인 프로젝트를 통합하여 장기간에 걸친 지속효과의 이익을 미리 식별하고 지속 가능한 프로그램을 개발하였다. 아울러 문화에 대한 관심과 공적인 참여, 관련 제도를 수립하였다. 여섯째, 주민 참여 전략을 수립하였다. 지역 주민들이 프로젝트의 일부라는 것을 느끼도록 주민 참여를 적극적으로 유도하였다. 행사가 지역 공동체의 것이 되도록 하였다.

이러한 유럽 문화도시 프로그램은 유럽의 문화도시 사업을 유럽 전체를 하나의 통일체로 보게끔 만들었다. 각국에 문화도시를 지정함으로써 지역 분산화를 이루었다. 다시 말해 문화도시가 핵을 이루는 네트워크를 만들어 유럽의 문화를 전체적으로 발전시켰다. 유럽의 문화도시 사업은 국가 단위에서 문화정책을 확장시키고 이를 통해 예술인, 학자의 교류를 이루어 유럽의 독자성과 창조성을 확보하였다. 한편, EU라는 거대 유럽체제가 출범하기 전에 유럽 사람들은 각 국가의 결속과 집단적 목표의 설정을 고민하였다. 거대한 집단체제의 탄생에는 공동의 목표와 정신과 상호신뢰가 반드시 필요하였다. 문화도시 프로그램은 각국의 전통가치를 보존하고 예술인의 다양한 교류와 접촉을 통해 유럽인이 지향하는 EU의 지향점에 근접할 수 있도록 했다.

2) 문화도시가 주목받는 계기들

문화와 도시의 연관성을 살펴보면 특정 문화시설은 도시경제에 영향을 미치는 중요한 문화적 상징인 랜드마크가 될 수 있고, 문화구역은 예술 및 문화 활동이 집중되어 시민과 관광객을 모으는 역할을 할 수 있다. 이렇게 해서 문화는 도시와 그 시민을 특징짓는 문화적 특색으로 지역사회의 정체성, 소속감, 창조성 등을 활성화할 수 있다.

이러한 활동은 도시에 경제적인 이익을 가져올 수 있다. 문화와 도시의 경제적 연관성을 살펴보면, 먼저 지역민과 외래 소비자들이 자신의 마음에 드는 문화적인 상품에 돈을 지출하게끔 하는 직접적인 수입이 있고, 음식점과 운송업 같은 관련 업체의 간접적인 수입이 있다. 또 문화산업의 성장으로 인한 직·간접적인 고용효과가 생기면서 지역경제의 연관성이 강해지고 시민의 자긍심과 결속력을 동반할 수 있다. 이러한 이유로 문화도시는 후기산업 시대에 산업이 재구조화되면서 전통적인 제조업이 쇠퇴하고 있는 지역에서 중요한 대안이 되고 있다.

도시가 문화도시로 전개되는 과정을 살펴보자. 산업혁명 이후 대량생산, 대량소비를 기본으로 하는 제조업이 발달했다. 하지만 1970년대 이후 산업변화에 따라 기존의 공업 도시들이 급속하게 몰락하게 된다. 가장 먼저 눈에 띄는 현상으로는 1985년 멜리나 메리쿠리의 주장으로 유럽의회에서 매년 문화도시를 선정하는 것이었다. 이것은 도시의 문화성과 예술성 추구, 인본주의와 도시 미학을 강조하는 것이다. 이러한 상황에서 1990년대에는 영화, 영상, 드라마, 디지털 콘텐츠, 문화마케팅 등 문화산업이 발달했고, 2000년 이후에는 하이테크 산업, 오락, 예술, 미학 산업 발달, 감성마케팅 등의 등장으로 도시는 보다 적극적인 의미의 창조도시로 발전했다.

1970년대 이후 급격한 산업구조의 변화로 인해 쇠퇴하기 시작한 대규모 공업 도시들이 장기간에 걸쳐 형성된 도시의 부정적 이미지를 해소하고 새로운 도시경제 모델을 창출하기 위해 문화적, 예술적 요소를 적극적으로 활용하기 시작했다. 이 중 IT산업, BT산업(바이오산업) 등과 함께 CT산업(문화산업)이 부각되었다. 문화관광이 전체 산업에서 점점 더 큰 비중을 차지하게 됨에 따라 지역의 전통문화와 자연자원을 활용하거나 새로운 문화산업을 끌어들여 성장의 동력으로 삼고자 하는 시도가 이루어졌다.

이러한 상황에서 1980년대 이후 선진국의 공업지역은 지역경제의 급격한 쇠퇴를 경험하면서 도시문화와 지역발전이 연계된 '장소마케팅place marketing' 프로그램을 도입하였다. 이는 도시마케팅으로 정의가 내려졌지만, 일반적으로 '지방자치단체와 기업가가 연합하여 지역/도시를 매력적인 것으로 만들고, 새로운 지역 이미지를 창출하여 외부의 기업가와 관광객으로부터 투자와 소비를 유치하기 위한 전략적 행동'으로 정의된다 (Kearns and Philo, 1993: 3에서 재인용).

도시 마케팅이 강조된 것은 세계적으로 도시 사이의 경쟁이 강화된 결과로, 도시의 부흥과 몰락 과정 속에서 나타났다. 과거의 경쟁력을 잃어버린 전통적 선진 공업 도시들은 탈산업화와 구조조정 과정에서 공해와 어두운 이미지를 도시의 가장 큰 문제점이라고 생각해 새로운 이미지를 가진 도시를 만들고자 했다. 이런 의미에서 도시 마케팅은 도시재생과 밀접한 관련을 맺고 있다. 외부의 투자를 유치하기 위해 도시의 상품화가 필수적이라고 생각하게 되었다. 이러한 도시의 상품화는 도시 마케팅으로 이어지게 된다. 프레터Fretter는 도시 마케팅의 핵심적 구성요소를 다음과 같은 여섯 가지로 요약했다. 1) 비전을 세운다. 2) 스스로를 파악한다. 3) 고객이 누구인지 명확히 한다. 4) 경쟁자를 파악한다. 5) 차별화된 상품을 찾는다. 6) 한목소리를 낸다.

도시 마케팅 실현 방법으로는 도시 브랜딩, 이미지를 뒷받침하는 공간개발, 집중적 건설, 대규모 축제와 이벤트 등을 들 수 있다. 도시 마케팅의 역할은 침체에 빠진 지역을 재활성화하는 것이다. 이를 위해서는 부정적이거나 매력이 없는 이미지를 바꾸는 것이 중요하다. 도시 브랜딩은 도시의 긍정적 이미지를 강화하고, 차별성과 매력도를 높이기 위한 가장 강력한 수단이 된다. 이를 위해서는 문화산업과 장소 마케팅이 서로 결합되고 공유되어야 한다. 특히 이 과정에서 문화산업과 관광의 결합이 중요하다(김인·박수진: 360~372).

도시 마케팅의 예는 유럽의 공업 도시들을 중심으로 쉽게 확인할 수 있다. 특히 스페인 빌바오, 독일 루르 지방의 공업 도시 이바 엠셔파크^{IBA Emscherpark} 계획이 대표적이다. 이바 엠셔파크에 대해 보다 구체적으로 살펴보자. 루르 지역은 1837년 석탄 채굴이 시작되었다. 그 후 1900년경에는 대규모 철강산업이 자리 잡게 된다. 1960년대까지 독일에서 가장 부유한 지역이었다. 그러나 1970년대 이후 석탄 및 철강산업의 쇠퇴는 급격한 지역경제 침체를 가져오면서 소득감소, 실업증가, 인구감소 등 사회·경제적 문제를 일으키기 시작했다. 이에 베스트 팔렌 주정부와

엠서강 지역 17개 지방자치 단체들은 지역주민이 참여하는 생태적, 문화적으로 건전하고 지역경제를 도모할 수 있는 지역개발 방식을 도입한다.

이바 엠셔파크 계획은 지역경제 구조개선 프로그램으로, 1989년 도입해 10년 동안 진행되었다. 주요 내용은 광역 녹색기차 조성사업, 환경친화적 엠셔강 조성사업, 환경친화적 업무단지 조성사업, 주택단지 조성사업, 폐쇄된 산업시설의 보전 및 이용이다. 특히 폐쇄된 산업시설을 문화 및 레저 공간으로 개발하여 주민의 큰 호응을 얻는 한편 산업, 공업 도시 이미지를 문화, 레저, 여가 도시로 전환했다. 오버하우젠시 철강공장 내 가스저장소를 전망대를 갖춘 이국적 전시 문화공간으로, 뒤스부르크의 제철공장을 시민 레저·문화 공원으로 전환한 것이 대표적이다. 특히 뒤스부르크-노드파크Dusburg-Nord Landscape Park는 폐제철소의 거대한 굴뚝을 암벽등반코스로, 용광로를 스킨스쿠버장으로, 철골구조물을 서바이벌게임코스로, 폐허였던 공터를 나무와 숲이 가득한 야외공연장으로, 창고를 연극공연과 세미나장 등으로 전환하여 '지속가능한 건축'이라는 새로운 개념의 모델을 제시하면서 이미지 변신에 성공했다.

3) 문화와 경제의 결합: 컬처노믹스

코펜하겐 대학 피터 듀른트[Peter Duelund] 교수는 문화[Culture]와 경제[Economics]를 융합한 컬처노믹스[Culturenomics]라는 개념을 제시했다. 컬처노믹스는 처음에는 외국 문화에 대한 이해가 경제적 부가가치의 원천이 될 수 있다는 의미로 쓰였다. 최근에는 문화의 상품화와 문화를 통한 창조적 차별화를 강조하는 새로운 도시 발전 논리로 부각되고 있다. 특히 1990년 중반 이후 문화산업의 성장은 컬처노믹스를 주장하게 되는 원동력이 된다. 컬처노믹스의 주요한 주장은 기존 산업과 문화의 융합을 통해서 낙후된 지역의 새로운 성장 발판을 만드는 것이다. 이 계획은 도시의 창조적인 예술 인구를 중심으로 문화자산을 통한 관련 산업과 IT산업 등 타산업과 창조적인 융합에 초점을 맞추고 있다.

컬처노믹스에서 창조 문화도시로 이어지는 이유는 복합적 경제 환경의 변화에 따른 창조문화산업의 부상에 따른 것이다. 수요적 측면에서 산업화 이후 소득이 증대하고 생활 수준이 향상되면서 소비자의 욕구가 감성과 미학적 가치를 추구하는 방향으로 변했다. 이는 경제에서 문화상품의 수요를 증가시켰다.

세계 주요 도시는 창조 문화도시로의 전환을 위해 컬처노믹스 계획을 추진하고 있다. 이러한 컬처노믹스를 통한 창조도시 추진사례로 먼저 뉴욕을 들 수 있다. 세계 최고 수준의 문화도시인 뉴욕에는 미국 건축가의 78%, 배우의 45%, 패션디자이너의 27%가 거주하고 있었다. 하지만 1998년 말부터 위기감이 고조되었다. 뉴욕에 있는 세계 광고계 본사들의 규모가 1/3로 감소되었고, 비싼 임대료로 창조 인구가 이전하였으며, 9.11 이후 테러의 공포가 확산되었기 때문이다. 이에 뉴욕주는 'New York City: A legacy of supporting the Arts'라는 계획을 세웠다. 이 계획은 예술조직을 지원하고, 창조적 예술가를 육성하여 5천만 명의 관광객을 끌어오는 것을 목표로 한 것이었다. 이를 위해 로우 맨해튼Lower Manhattan을 재건해서 창조인구가 머물 수 있는 장소를 마련하였다. 경제개발실무단Economic Development Working Group이 작성한 「로우 맨해튼 창조도시 뉴욕」은 창조 중심지로 뉴욕을 재건하고 창조 인구가 선호할 수 있는 도시환경 및 거주환경을 마련하고 예술가를 위한 공간제공과 세제상 혜택을 제시하는 것이었다.

이 계획의 결과로 뉴욕의 문화산업은 다시 살아났다. 2005년 경제효과 총 212억 달러에 160,300개의 일자리, 82억 달러의 임금, 9억 4백만 달러의 세금납부, 문화예술 산업체의 4.07% 증가 등이 일어났고 특히 예술학교의 서비스, 공연예술 분야의 성장세가 두드러졌다.

또 다른 예로 런던을 들 수 있다. 런던은 1998년부터 성장 정체를 겪던 중 광고, 건축, 미술, 골동품, 패션, 디자인, 영화, 사진, 음악, 게임, TV 등으로 창조 산업을 구성하여 지원에 주력하였다. 결과적으로 런던의 일자리 중 14%는 창조 문화 부분과 관련이 있었다. 또한 2004년 이후 「세계 문화수도 런던」의 브랜드화를 위해 탁월성Excellence, 창조성Creativity, 가치Value라는 전략적 목표 아래 12개 과제를 추진하였다. 런던예술대학University of the Arts London의 제안으로 창조산업에 대한 고급 정보의 수집 및 해석을 하는 창조산업관측소Creative Industries Observatory를 설립하였다. 그리고 세계적인 네트워크 구성을 위해 베이징, 홍콩, 봄베이, 상해, 뉴델리 등 중국과 인도 도시 안에 국제창조기업센터를 설치하여 기회의 네트워킹 창출에 주력하였다.

도쿄는 도시환경을 개선하는 「10년 후 도쿄, 창조 문화를 낳는 도시」 계획을 수립하고, 부족한 문화자원 및 인력 확보를 위해 세계 예술가를 모으는 '플랫폼'을 조성하고 아트트라이앵글 조성사업을 추진했다. 베이징은 국가 차원에서 창조문화산업을 육성하고자 「소프트 파워」 진흥정책을 발표하고 다산즈 등 자생적 예술촌을 집중하여 육성했다.

이러한 컬처노믹스 전략의 특징은 도시 여건에 맞춰 적절한 맞춤형 전략을 가지는데 있다. 세계 중심 도시인 뉴욕은 문화예술 네트워크 보전에 초점을 맞추고, 런던은 도시 브랜드 강화에, 도쿄는 도시 인프라 개선 및 국제교류에, 베이징은 자생적인 클러스터 보전을 통한 경쟁력 강화에 초점을 맞추고 있다([새글로벌 서울포럼, 2008).

제2부

문화도시의 분석

4 문화도시의 주요 키워드

1. 문화도시의 성공 요건

전 세계 문화도시들은 오랜 시간 동안 지역의 경제, 사회, 문화
적인 특성을 살리면서 발전해 왔다. 균형적이고 지속 가능한 지
역 발전을 촉진하기 위해 도시 고유의 특징을 자체적으로 개발
해 온 것이다. 도시들은 테마 및 슬로건을 선정해 국내외에 홍
보하는 과정을 통해 도시 특유의 문화적 이미지를 창출한다.

문화도시들을 이미지별 유형으로 살펴보면 1) 랜드마크와 가
로 재생, 관광, 축제를 중요시하는 체험형 문화도시 2) 도시 내
부 인간의 관계를 중요하게 여기는 네트워크 및 제3의 장소형
도시 3) 스토리 소재나 스토리텔링을 중요시하는 스토리형 도시

4) 창조적 환경을 중요시하는 창조형 도시 5) 지역 발전을 위해 신산업 구조화를 중요시하는 재생형 도시 등으로 구분할 수 있다. 최근 문화, 예술 사업에 대한 인식이 새로워짐에 따라 각 유형에 따른 활용이 늘어나고 있다. 그동안 '다수의 문화 향유'가 문화의 목적이었다면, 이제는 양적으로뿐만 아니라 질적인 발전이 중요한 목적이 되었다. 이는 결국 수준 높은 문화 창작 활동의 지원으로 이어지게 된다. 이에 따라 문화도시는 고유의 유형별 특징을 나타내게 되며 지속적인 성장을 추구하게 된다. 도시설계 과정에서 단지 볼 만한 것을 증축하는 것만을 의미하는 것이 아니라 기존의 문화, 예술의 변형 및 활성화를 통해 도시를 아름답게 만든다. 동시에 도시민의 삶의 질에 직접적인 영향을 미치면서 사람들이 가장 편리하게 느낄 수 있는 창조적 공간으로서 문화도시 건설을 추구하게 되었다.

문화도시의 성공 관건은 문화적, 경제적 열망과의 결합 여부다. 이를 위한 필수적인 요소는 아래와 같다.

첫째, 도시의 기본적인 인프라가 제대로 갖추어져 있어야 한다. 단지 가로수, 건물, 공원과 같은 물적 시설 그 자체보다 이 시설들이 도시민의 삶 속에 자연스럽게 녹아들어야 한다. 무엇보다 사람이 사람답게 살 수 있는 환경이 갖추어져 있어야 한다.

둘째, 도시만의 독특한 경관을 보유하고 있어야 한다. 도시경관은 도시의 얼굴이자 문화의 척도를 나타내며 도시의 인상에 많은 영향을 끼치기 때문이다. 방문 도시에 대한 최초의 인상은 경관에서부터 시작하기 때문에 차별화된 아름다운 도시경관은 문화도시의 기본이라 할 수 있다. 유무형의 예술적 환경들이 주변의 색채, 형태, 위치 등과 조화를 이루어야 한다.

셋째, 도시의 다양하고 창조적인 자원을 활용하여 새로운 경제 패러다임에 적극적으로 대응해야 한다. 문화예술인, 공예가 등의 창조적 역량을 산업자원으로 직접 활용하여 도시의 내적 경제성장을 추진하는 것이다.

2. 문화도시의 유형 분류

문화도시를 유형별로 구분하면 다음과 같다.

1) 도시체험형 문화도시

체험을 통해 그 도시의 문화를 즐길 수 있는 가로 재생과 랜드마크를 이용한 관광형, 축제형 도시가 이에 속한다. 소득과 고용창출을 위해 랜드마크^(상징물)를 중심으로 문화시설을 확충한 관광형 도시로는 호주 시드니를 들 수 있다. 시드니 하면

오페라하우스와 하버브리지를 자연스럽게 떠올리게 된다. 아름답기도 하거니와 예술성이 강조된 문화시설들 때문에 시드니는 성공적인 이미지를 구축하게 되었다. 가장 보편적인 초기 문화도시 구성요소라 할 수 있으나, 이를 구축하기 위해서 재정적 부담과 유지비가 지속해서 발생한다는 문제점도 지니고 있다.

체험형 도시는 지역축제를 통해 사람들이 지역적 소속감과 전통문화 보존, 관광을 강화한다. 즉 축제를 중심으로 지역과 지역, 넓게는 나라와 나라 사이에 상호 교류하게 되면서 자연스럽게 서로의 문화를 소비하고 관계를 형성한다. 스웨덴의 스톡홀름을 예로 들면 1980년대 말부터 매년 1주일간 '물의 축제'를 개최하고 있다. 이 축제는 정치인, 기업체와 각종 단체의 많은 관심과 지지를 얻고 있으며, 일반 시민들도 즐기고 있다. 스톡홀름 상·하수도 관리회사 주관하에 '국제 물 심포지엄'을 열어 전 세계 수질 연구학자와 정치인들을 초청하여 수질 개선에 대한 생태학적 시각을 교류하고 있다. 이러한 노력 덕분에 스웨덴은 몇 세기에 걸친 철저한 계획과 실행으로 환경친화적 복지국가의 중심지가 되었다.

2) 네트워크형 문화도시

네트워크형 도시/제3의 장소를 중심으로 하는 도시이다. 현대 사회에 있어 사람들은 더욱더 도시에 집중되고 도시는 고도로 분업화됨에 따라 사람들은 파편화되었다. 이러한 사회에서 사람들은 기계적 연대와 유기적 연대를 통해서 다양한 사회의 인적 네트워크를 구성하게 된다. 이러한 인적 네트워크는 강한 유대와 약한 유대를 형성하게 되고 이러한 유대는 사회를 살아나가는 데 중요한 역할을 한다. 특히 최근에 나타난 제3의 장소에 관한 논의는 대도시 속에서 집과 직장이 아닌, 자신이 편하게 정보를 공유하고 친근감을 느낄 수 있는 장소의 중요성이 두드러지고 있다.

3) 스토리 지향형 문화도시

도시만의 고유하고도 특별한 이야기를 활용하여 성공적으로 문화상품을 창조하는 도시이다. 스페인의 '산티아고 데 콤포스텔라'를 예로 들 수 있는데, 이곳은 세계 3대 가톨릭 순례지 중 하나인 성 야곱의 순례지로 매년 600만 명의 관광객이 다녀간다. <콤포스텔라의 길과 지역 발전>이란 주제를 설정하여 순례 행로와 주변 환경 보존, 유산 복원과 관련해 전문 연구자에 의한 학술적인 조사와 연구를 통해 프로젝트로 만든 경우이다. 창조적 문화제공자로서의 시민과 지자체의 결합으로, 스토리를 바탕으로 만들어진 도시 이미지 자체가 하나의 브랜드로 인식되면서 문화 생산적 형태를 띠게 된 것이다.

4) 창조형 문화도시

최근에 세계의 많은 도시가 표방하고 있는 것이 창조형 문화도시이다. 지식산업사회 발전의 기초인 창조성이 중요해짐에 따라 창조성을 잘 발휘할 수 있는 환경적 뒷받침의 중요성에 관한 논의가 진전되고 있다. 창조적 환경을 만든다는 것은 다른 도시와의 경쟁력에서 우위를 점한다는 뜻이다. 이러한 곳은 쾌적한 환경과 좋은 교육시설을 가지고 있다. 지식산업에 종사하는 사람들이 많이 모일 수 있는 도시환경을 조성하는 것과 맥을 같이 한다. 찰스 랜드리는 이러한 창조도시를 만들기 위해서는 창조적인 개인, 의지와 리더십, 다양성의 존중, 지역적 정체성의 확립, 공적인 공간의 확대를 꼽았다.

5) 도시재생형 문화도시

산업이 발전하면서 쇠퇴한 옛 도시들의 부활을 통해 도시마케팅 차원에서 문화적 이미지를 상승시키고자 노력하는 문화도시 유형이다. 독일의 에센시는 19세기에 철강제련소 및 탄광이 들어서면서 최대 단일 공업단지인 루르 공업지대의 중심도시로 부상하게 되었다. 하지만 제2차 세계대전 이후 도시 대부분이 폐허로 변했다. 이를 극복하기 위해 1960~1970년대 라인강의 기적을 이루며 도시를 복원하게 된다. 이때 한 시대를 풍미했던 산업 구조물을 철거방식이 아닌 보존 관리를 통해 문화 환경으로 대신하는 작업이 진행되었다. 이러한 시도는 오늘날 독일의 근간이 되었다. 탈공업 시대의 도시재생 전략으로서 가로경관과 문화시설의 자연스러운 연계는 일상생활에도 영향을 주었다.

이 과정에서 사회적 여건에 따라 도시별 차이점이 나타났다. 대중문화에 대한 인식이 높을수록 문화적 요소 중에서 예술성에 대한 문화적 욕구가 높은 것으로 나타났으며, 반면 삶의 질 개선에 대한 인식이 높을수록 예술성에 대한 중요도는 오히려 낮은 것으로 나타났다. 대도시는 문화의 대중성을 중요시하는 반면, 중소도시는 생활을 더 중요시했던 것이다. 대도시는 대중문화 부상이 삶의 질 향상에 영향을 끼쳤으나, 중소도시는 크게 영향을 미치지 않는 것으로 나타났다. 이는 대도시 거주자는 대중문화 부상에 대한 인식이 높지만 중소도시 거주자는 문화적 요소가 창조성에 의미 있는 영향을 미치지 않을 수도 있음을 보여준다(이승도, 2004).

3. 복합성과 다양성을 지향하는 문화도시

문화도시의 시초는 뛰어난 자연환경 혹은 역사적 문화재를 바탕으로 문화적 인프라인 랜드마크를 만들어 도시민의 삶의 질 향상으로부터 비롯되었다. 이러한 과정에서 제1~2차 세계대전을 거치면서 유럽의 몇몇 도시는 도시 전체가 폐허가 되었고, 산업혁명에 뒤처진 옛 도시에서는 많은 실직자가 발생하였다. 폐허가 된 도시의 재생을 위해 훼손된 유형적 인프라인 랜드마크를 변형하고 가로환경 재생을 통해 문화도시로 변화를 꾀하게 되었다. 이것이 문화도시의 초기모형이라고 할 수 있다. 랜드마크 요소를 가진 문화도시의 특징들은 국가에 대한 강한 자부심과 집착을 지니고 있다. 이탈리아 밀라노의 경우, 강력한 문화유산보존 정책으로 거리 어디에서나 유구한 역사를 느낄 수가 있다.

스토리를 중심 요소로 한 문화도시들은 랜드마크나 가로환경 재생 도시보다 숫자가 많지는 않다. 하지만 스토리는 무형적인 창조적 콘텐츠로서 적은 돈을 들여 보다 활발하고 매력적인 문화도시로의 발돋움을 할 수 있게 해준다. 기존의 랜드마크와 가로환경 재생으로 어느 정도 문화도시의 위상을 지닌 도시들이 자신만이 가지고 있는 스토리를 덧붙이는 것이 일상화되어 가고 있다. 미래지향적인 문화도시의 면모를 갖춤으로써 도시는 여러 면에서 문화상품 및 콘텐츠를 창출할 수 있다. 도시의 문화적 자원에 스토리를 가미하는 경향은 점점 늘어나고 있다.

문화도시는 어느 한 가지만으로 이루어지는 것이 아니다. 대부분의 문화도시는 여러 문화적인 것들이 결합해 만들어진 것이다. 빌바오의 경우 구겐하임이라는 걸출한 랜드마크가 있고, 문화 접근 대중화 프로그램인 '문화의 집(casas de cultura)'이라는 시민 중심의 네트워크가 활성화되어 있다. 휘트니 미술관 역시 훌륭한 미술관과 함께 후원그룹인 '미국예술을 전시하는 휘트니 미술관의 친구들(The Friends of the Whitney Museum of American Art)'이라는 조직이 미술관의 명성을 유지하는 데 중요한 역할을 하고 있다. 모마(뉴욕현대미술관) 역시 건축비의 절반 정도인 약 5,500억 원을 50여 명 이사진 사재를 이용해 만든 것으로, 문화적 네트워크의 중요성을 보여준 대표적 사례라 할 수 있다.

호주의 시드니에는 오페라하우스라는 세계적인 랜드마크가

있다. 이 공연장에서는 다양한 문화콘텐츠들이 공연되고 있으며, 시드니에 온 사람들은 오페라하우스만 보는 것이 아니라 하버브리지라는 또 다른 랜드마크를 보게 된다. 스페인의 바르셀로나도 카사 바틀로, 카사 밀라, 성가족교회 등 일련의 가우디 걸작들을 한곳에서 만날 수 있는 기회를 제공한다. 파리 역시 개선문을 시작으로 루브르 박물관, 오르세 미술관, 콩코르드 광장, 로댕 미술관, 몽마르트르 언덕 등 둘러보아야 할 곳들이 무수히 많다. 두바이도 이러한 경우라고 할 수 있는데 '두바이 원더' 프로젝트를 통해 버즈 알 아랍과 테마파크, 팜아일랜드 등 세계적으로 시선을 끄는 초호화건물들을 만들어 세계적인 관광도시로 급부상하였다.

프라이부르크는 장기간에 걸쳐 친환경 생태 도시로 변모했다. 태양에너지라는 미래동력을 연구하여 문화도시의 선도적인 위치에 올라섰으며 많은 나라가 벤치마킹을 하고 있다. 부다페스트는 고풍스러운 도시에 화려한 조명을 입힘으로써 오래된 것이 미래의 것으로 인식되는 도시 분위기를 만들어냈다. 잘츠부르크는 상주인구 14만 명의 소도시지만 음악의 거장 모차르트를 중심으로 잘츠부르크 페스티벌을 열고 있다. 수백 년 역사를 간직한 골목과 성을 잘 보존하여 있는 그대로를 보여주는 것만으로도 관광객들에게 강한 인상을 주고 있다. 프랑스 도빌의 경우, 자연의 아름다움과 편안함을 가미해 단지 쉬는 것이 아니라 쉬면서 즐길 수 있는 다양한 문화적인 요소를 갖추고 관광객을 맞이한다. 세잔으로 유명한 엑상프로방스도 세잔이라는 세계적인 미술가에게만 의존하지 않고 주변의 아비뇽 페스티벌이나 국제 재즈 페스티벌, 오랑주 합창제, 아를 국제 사진 페스티벌 등과 연계한 관광네트워크로 시너지 효과를 얻고 있다. 덴마크 오덴세는 시민공모회화작품 전시회를 열기도 하고 안데르센 박물관의 구연동화 진행을 지역 대학생에게 맡기는 등 교육시설과 문화시설이 연합하여 시민들에게 문화 생산 역할을 맡기고 있다. 핀란드 투르크시 역시 무민^{Moomin}이라는 캐릭터에만 의존하지 않고 가장 오래된 록 페스티벌인 '루이스록'을 개최하고 있다. 영국의 바스시는 온천에만 의존하지 않고 다양한 관광프로그램을 만들고 제인 오스틴^{Jane Austen}이라는 문화적 토양을 이용하고 있다. 오스트리아 클라겐푸르트 역시 아름다운 뵈르터 호수 이외에 잉게보르크 바흐만 문학상을 시행함으로써 유럽 사람들의 시선을 끌어모으고 있다.

5 체험으로서의 문화도시

문화는 인간이 몸으로 체험하는 것이라 할 수 있다. 체험이란 보는 것, 만지는 것, 보고 생각하게 되는 것, 즐기는 것 등을 포함한다. 문화도시의 체험적인 요소로는 시각적인 랜드마크, 가로재생환경 외에 체험 관광과 축제, 테마파크가 있다. 문화도시의 시초는 자연환경과 문화재를 바탕으로 눈에 띄는 랜드마크를 만들어 도시민의 삶의 질을 높이고 관광객들을 도시로 끌어들이는 것이었다. 2차례에 걸친 세계대전과 산업혁명 이후 옛 공업도시들은 대규모 투자와 설비로 인해 새로운 산업 환경에 적응하지 못했다. 이러한 문제점을 해결하고자 랜드마크를 만들고 가로환경재생을 통해 문화적인 도시로 거듭나려는 시도 위에서 생겨난 것이 문화도시이다.

1. 체험과 랜드마크

관광이란 통상적인 거주지를 떠나 이루어지는 여가활동이다. 일상에서 벗어나 거주 장소 이외의 곳을 방문하여 하룻밤 이상을 머무른 뒤 다음 거주지로 다시 돌아오는 사람을 흔히 관광객이라 칭한다. 관광이 문화적인 체험과 결합될 때, 단순한 소비 행위가 아닌 진정한 여행의 의미를 갖게 된다. 즉, 관광은 자연생태자원과 문화적 향유를 통해 육체의 피로를 푸는 것이다. 아울러 자아 정체성의 재발견과 성찰을 도와주는 문화적 체험을 포함하는 것이다(정숙임, 1998).

관광을 위해 어떤 도시에 잠시 머무르게 되었을 때, 통상적으로 도시의 이미지를 나타낼 수 있는 대표적인 요소가 유형 관광자원이다. 각 문화도시가 자연환경적 요소(경관)만이 아닌 예술적 문화시설을 랜드마크화 하는 이유는 자연환경적 요소와 문화적 요소가 결합되었을 때 도시를 홍보할 수 있는 가장 보편적인 마케팅 수단이 되기 때문이다. 박물관, 전시관, 카페, 레스토랑 같은 문화 예술 전시공간과 옛 성터, 위인들의 생가, 교회, 사원, 대성당 등과 같은 전통적 문화유산이 랜드마크가 될 수 있다. 나무, 물, 흙과 같은 천연적인 자연환경은 해수욕장과 호수공원 등과 함께 고급 호텔, 카지노 등과 결합해 고부가가치를 창출하게 해준다. 시민들에게 휴식과 오락을 동시에 제공하는 안식처의 역할도 같이 하게 된다.

1) 빌바오: 구겐하임 미술관

훌륭한 미술관을 통해 문화도시로 거듭난 대표적인 도시로 빌바오를 들 수 있다. 인구 백만 명의 대도시 빌바오는 대서양에 연해 있어 유럽의 다른 지역에서도 쉽게 접근할 수 있는 지리적 특징이 있다. 1970년대 이후 철강, 조선, 화학이 쇠락한 탓에 실업자가 증가했고, 버려진 공장들로 인해 환경파괴가 진행되면서 도시는 쇠퇴의 길을 걷기 시작했다. 비토리아가 분리독립을 주장하는 바스크Basque의 행정 수도가 됨에 따라 빌바오에 위기의식이 형성되었다. 이러한 위기를 극복하고자 빌바오는 각종 컨퍼런스와 포럼 개최를 통해 현대적인 도시로 탈바꿈하기 위한 도시재건계획을 추진하였다. 이때 만들어진 구겐하임 미술관은 빌바오의 대표적인 랜드마크가 되었다.

빌바오는 구겐하임 미술관과 도심 재건축뿐만 아니라 다른 여러 문화 프로그램을 함께 시행했다. 문화 정체성 확립에 중점을 둔 문화정책을 펴 바스크어를 보호하려는 노력과 바스크의 고고 학적 유산을 존중하였다. 문화 접근 대중화 프로그램인 문화의 집casas de cultura 네트워크를 통해 각종 프로그램을 시행하였다. 또한 시민 센터 네트워크를 활성화해 자발적 단체들이 참여할 수 있는 채널을 만들어 각종 축제 및 페스티벌, 카니발을 개최하였다.

빌바오의 구겐하임 미술관Bilbao Guggenheim Museum은 빌바오시 재개발계획의 중심에 위치한다. 여러 기관에서 함께 만든 구겐하임 미술관은 독특한 건축물로서 전시 내용 외에도 건물 자체가 관광 상품이 되었다. 구겐하임 미술관은 건립 1년도 안 되어 130만 명의 방문객들이 찾아와 빌바오를 문화도시로 바꾸는 데 결정적인 역할을 했다. 구겐하임 미술관은 빌바오시의 부흥을 일으킨 '빌바오 효과Bilbao effect'를 발생시켰다. 다른 문화산업에 파급효과를 주어 미술관 주변에 대형 호텔, 컨벤션 센터, 공연장 등이 들어서면서 주변 지역의 문화벨트가 이루어졌다. 이러한 현상은 문화산업이 근대적 산업을 대체할 수 있는 가능성을 보여주었다. 빌바오 구겐하임 미술관은 건축을 통한 도시재생과 문화산업의 가능성을 열었다는 점에서 문화도시를 추구하는 많은 도시의 벤치마킹 대상이 되었다. 구겐하임 미술관을 통해 작은 도시 빌바오시가 스페인을 대표하는 여타 도시들을 제치고 세계적 문화 예술도시로 부상했다.

2) 뉴욕: 휘트니 미술관, 모마 미술관, JFK 도서관&박물관

뉴욕의 휘트니 미술관Whitney Museum of American Art과 모마 미술관MoMA(Museum of Modern Art)은 도시의 문화적 랜드마크이자 제2차 세계대전 이후 미술의 중심지를 파리에서 미국으로 이동시키는 역할을 했다. 휘트니 미술관은 1931년 세워진 미술관으로 20세기 미국 미술의 대표적 전시장이다. 미국 현대미술품 전시와 피라미드를 뒤집어 놓은 듯한 외관으로도 유명한 휘트니 미술관은 조각가 거트루드 밴더빌트 휘트니Gertrude Vanderbilt Whitney가 수집한 6,000점의 작품을 기부 받아 1930년 설립되었다. 회화, 조각, 사진, 드로잉, 인쇄물, 그리고 멀티미디어까지 현재 12,000여 점이 소장돼 있다. 휘트니 비엔날레와 같은 이벤트를 통해서 지속적으로 규모를 확대하고 있다. 작품 구매를 위한 후원 그룹 '미국예술을 전시하는 휘트니 미술관의 친구들The Friends of the Whitney Museum of American Art'을 조직해 운영하며 명성을 이어나가고 있다.

뉴욕 맨해튼에 있는 모마 미술관은 고흐의 '별이 빛나는 밤에',

피카소의 '게르니카', 달리의 '기억의 습작' 등 주옥같은 작품들을 소장한 곳으로 유명하다. 1929년 현대 건축가 에드워드 듀렐 스톤Edward Durell Stone에 의해 건립된 이후 세계 현대 미술관에 영향력이 가장 큰 미술관으로 성장하였다. 미술관을 리뉴얼하여 맨해튼에 활력을 불어넣었는데, 약 10년 동안 1조 원의 자금이 소요되었다. 건축비의 절반 정도인 5,500억 원은 50여 명의 모마 이사진들이 사재를 털어 마련하였다. 예술을 사랑하는 사람들이 기꺼이 자신의 재산을 기부하는 문화가 잘 정착되어 있음을 보여주는 사례라 하겠다.

뉴욕 외에 다른 지역의 대표적 미술관으로는 '존 에프 케네디 도서관&박물관The John F.Kennedy Presidential Library & Museum'을 들 수 있다. 존 에프 케네디 도서관&박물관은 파리 루브르 박물관의 피라미드 입구로 유명한 중국계 미국인 건축가 페이I.M. Pei에 의해 설계되었다. 미국의 35대 대통령인 J.F.K를 기념하기 위해 약 360만 명의 기부금으로 건설되었다. J.F.K 생전의 다양한 정보, 그리고 노벨상 수상자인 헤밍웨이의 필사본과 편지를 소장하고 있다. 보스턴의 명물이자 뉴잉글랜드 지역의 유일한 대통령 도서관인 케네디 도서관은 모든 사진 이미지들을 600dpi 이상의 고화질 스캔으로 디지털화한 것으로도 유명하다. 일반사용자들이 보다 쉽게 자료에 접근할 수 있도록 정보 인프라를 구축한 것이다.

3) 시드니: 오페라하우스, 하버브리지

세계적으로 유명한 랜드마크를 가지고 있는 도시로 호주의 시드니가 있다. 시드니의 대표적 랜드마크로 오페라하우스와 하버브리지Harbor bridge가 있다. 시드니는 대규모 리조트나 테마파크 개발보다 기존의 자원에 새로운 가치를 부여하는 방식으로 관광객들에게 독특한 체험을 하게 해준다. 시드니의 오페라하우스는 자연과 조화된 디자인으로 1973년 완공되어 시드니의 랜드마크로 자리 잡았다. 2,679석의 콘서트홀, 1,547석의 오페라극장, 554석의 드라마 시어터, 398석의 플레이 하우스 등을 갖춘 종합적인 아트센터이다. 디자인은 오렌지를 잘라 놓은 듯한 모양에 돛배를 연상케 하는 지붕으로 20세기 10대 건축물로 선정되었다. 2000년 시드니 올림픽 로고에도 등장했으며, 2003년에는 호주 뉴사우스웨일스 주정부 지정 문화유산에 등록되었다. 매년 450만 명의 사람들이 이 건물을 보기 위해 찾아오고, 공연티켓을 구매하는 사람들은 110만 명에 이른다. 하버브리지는 1999년 말부터 '하버브리지 등반' 프로그램을 진행해 시드니 항구를 한눈에 내려다볼 수 있게 하였다(너울, vol.99).

4) 프라이부르크: 태양의 도시

독일의 생태도시 프라이부르크는 생태적 환경을 이용해 새로운 관광지로 두각을 나타내고 있다. 프라이부르크는 독일 남서부에 위치한, 유럽 최대 산림 지역 내 인구 20만의 독일 환경수도이자 국제 관광도시이다. 프라이부르크는 도시를 생태환경도시, 에너지 자립도시, 태양광 발전을 중심으로 한 '태양의 도시'로 가꾸어 유명해졌다.

프라이부르크가 환경의 이미지를 확립한 것은 1970년 에너지 파동 이후다. 원자력발전소 건설 반대 및 산성비 피해 등을 계기로 소비생활에 대한 반성과 환경보호 실천운동이 계기가 됐다. 시민들은 환경보호 실천을 위해 전문연구기관을 조직하고 시민, 환경단체, 시가 하나가 되어 30여 년간 에너지와 교통, 주거단지에 생태 개념을 접목하는 도시 환경을 조성했다. 프라이부르크시는 숲과 하천이 어우러진 도시 만들기, 자전거와 보행자 우선의 교통체계 등을 구축하였다. 또한 태양도시 건설을 위한 프로그램을 위해 탈원자력, 에너지 자치도시 추구를 위한 태양광발전 정책을 시행했다. 태양열주택 보급을 통해 주택, 학교, 교통시설, 산업, 병원, 교육시설 등에서 태양에너지 이용을 생활화함으로써 주택이 에너지를 생산하는 곳이라는 개념을 보편화시켰다.

프라이부르크가 친환경적 도시를 만들어갈 수 있었던 원동력을 말하자면, 국내외 60여 개의 환경 NGO 단체가 입주해 있는 환경시민단체의 중심지라는 점을 들 수 있다. 이들 환경 NGO들은 프라이부르크시와 함께 환경문제에 대해 끊임없이 고민을 한다. 또한 전 세계 태양에너지 시설과 관련기구, 연구기관, 관련 산업체를 집중적으로 유치하였다. 덕분에 솔라산업은 지역경제의 튼튼한 기반이자 고용창출의 주역이 되었다. 특히 태양에너지 연구자, 기술자, 건축가들 등 100여 개국 5천여 회원을 거느린 국제태양에너지협회ISES(International Solar Energy Society)가 1995년 미국 피닉스에서 이곳으로 이전하였고, 유럽 재생에너지 관련 대표기구인 유로솔라EUROSOLAR도 입주하였다. 태양에너지 관련 산업 박람회가 매년 이 도시에서 열리고 있다.

5) 가마쿠라: 역사와 자연의 도시

일본의 가마쿠라시는 1990년대 프라이부르크 시스템을 벤치마킹하여 친환경도시를 조성한 사례이다. 가마쿠라시는 교토,

나라와 함께 일본의 3대 역사도시이기도 하다. 가마쿠라시는 역사 도시라는 특징 외에도 자연환경인 산과 바다를 잘 활용해 도시를 가꾸었다. 현재 일본에서 살기 좋은 도시 5위로 꼽히고 있다. 전통의 보존을 통해 관광객을 유인하고 녹지보존 등 생태적 환경을 유지함으로써 쾌적하고 살기 좋은 주거공간을 만들었다. 여기에 프라이부르크의 환경시스템 중 쓰레기 반감운동과 지역 환경권을 도입하고 에너지 절약과 신에너지 도입을 추진하였다.

프라이부르크시와 같은 가마쿠라시의 생태 중심 문화도시 조성은 시민과 시당국, 환경단체의 지속적인 연대감 속에서 진행되었다. 환경도시 특징을 살린 독특한 산업 발전 및 특성화^(솔라산업)를 통해 관광산업 육성과 해외 관광객 유치^(생태관광중심지)를 실현하였으며 동시에 환경친화도시로서 국제교류와 협력 네트워크를 함께 구축하였다(문화중심도시조성추진기획단, 2004).

6) 부다페스트: 아름다운 도시

헝가리 부다페스트도 가마쿠라와 같이 도시가 본래 가지고 있는 고대와 중세의 유적, 바로크, 신고전주의, 현대의 문화

조류를 반영하는 건축물들을 이용해서 유명하게 되었다. 부다페스트는 경제적 어려움에도 불구하고 100여 년 전부터 시당국, 전문가, 예술가, 언론, 시민들이 지속적으로 도시를 아름답게 만들기 위해서 노력했다. 부다페스트에는 이슬람 문화유적, 서유럽 가톨릭 문화유적, 정교의 문화유적, 유대교 사원들이 공존하고 있다.

특히 부다페스트는 도시조명으로 유명하다. 도시조명은 1773년부터 시작되었는데 1909년부터는 본격적으로 전기를 이용하였다. 1928년부터는 시 당국이 체계적인 관광계획을 수립하여 문화적, 예술적 가치를 지닌 건축물과 동상에 대한 조명계획을 세워서 1937년에 완성하였다. 이러한 도시조명은 건물뿐만 아니라 다뉴브 강 주변에도 설치하는 등 이벤트성 미관을 조성하여 도시 전체를 아름답게 만들었다. 이러한 부다페스트는 과거와 현재가 유기적으로 연결된 도시에 조명이라는 빛의 아름다움이 더해져 사람들을 끌어들이는 도시로 재탄생하게 되었다(너울, vol.74).

7) 잘츠부르크: 음악의 도시

헝가리 부다페스트가 옛 건물들의 조명을 통한 시각적인 아름다움으로 유명해졌다면, 오스트리아 잘츠부르크는 음악이라는 청각적 아름다움을 통해서 유명해졌다. 잘츠부르크는 모차르트가 태어난 도시로 모차르트가 17세까지 살던 생가가 있다. 생가에는 바이올린, 악보, 아버지 레오폴트 모차르트와 나눈 편지 등이 전시되어 있다. 또한 뮤지컬 영화 '사운드 오브 뮤직'을 촬영했던 레오폴드 스크론 성이 있어 많은 관광객이 찾아오고 있다. 수백 년의 역사를 가진 골목과 성을 그대로 보존하여 관광객들이 옛 정취를 느낄 수 있도록 도시 전체를 보존하였다.

잘츠부르크는 특히 음악페스티벌로 유명하다. 1920년 이래 매년 7월에서 8월 중 잘츠부르크에서 열리는 음악제는 바그너 위주의 바이로이트 음악제와 함께 가장 유명한 클래식 음악제이다. 이 음악제는 1877년부터 1910년 사이에 8회에 걸쳐 개최된 모차르트 음악제에서 유래한다. 1917년 극작가 호프만슈탈, 연출가 라인하르트, 지휘자 샬크를 중심으로 음악제 협회가 조직되어 1920년 처음으로 열리게 되었다. 제2차 세계대전 중에는 중단되었으나 1945년에 재개되어 오늘날에 이르고 있다. 개최일자는 해마다 조금씩 다르지만 7월 하순에서 8월 하순까지 약 6주에 걸쳐 열린다(너울, vol.42).

8) 베네치아: 물 위의 도시

이탈리아 베네치아는 늪지대로 인간이 살기에는 매우 부적합한 자연환경이었다. 568년 롱고바르디족의 위협으로부터 피신한 베네토^Veneto 지역의 주민들이 베네치아를 만들었다. 베네치아는 수면에 떠 있는 세계 유일의 도시로 특이한 구조의 건축물이 많아 세계적 관광명소가 되었다. 서기 810년 이후 베네치아는 프랑크 제국을 물리치고 비잔틴 제국의 보호하에서 상인들의 교역과 무역활동으로 부를 축적하게 된다. 베네치아는 몇 번의 위기를 거치며 지중해 동부지역과 서유럽을 연결하는 중계무역으로 막대한 부를 축적했다. 1866년 이탈리아 왕국에 편입된 이후에도 베네토 지역과 외부 세계를 연결하는 중요한 항구였다. 그럼에도 베네치아의 이미지는 수면에 떠 있는 도시로 인식돼 있으며, 그것이 랜드마크가 되어 세계 관광객들을 끌어들이고 있다. 산마르코 대성당은 바닷물이 넘쳐 고이기도 하는 산마르코 광장과 함께 베네치아 최대 관광명소이다. 수상버스인 바포레토^vaporetto와 전통적 교통수단인 곤돌라는 베네치아의 상징적인 관광 상품이 되었다.

9) 도빌: 아름다운 해변과 문학의 도시

베네치아가 늪지대를 개척해 만든 도시라면, 프랑스 도빌은 자연의 혜택을 받은 관광 문화도시라고 할 수 있다. 도빌은 파리에서 차로 2시간 거리인 북부 노르망디에 있다. 해수욕장, 절벽과 고운 모래사장이 교대로 등장하는 '꼬뜨 플뢰리Cote fleurie'의 중심에 위치해 있는데, 카지노와 경마장, 각종 해양 스포츠를 즐길 수 있는 곳이자 국제 브리지 페스티벌 등 축제가 자주 열린다. 도빌은 황폐한 모래땅에 1825년부터 건물들을 짓기 시작했으며, 이후 대서양 연안의 고급 휴양지로 파리지엔들이 주말에 가장 즐겨 찾는 바닷가가 되었다. 레마르크의 소설『개선문』과 프루스트의『잃어버린 시간을 찾아서』를 비롯한 많은 프랑스 문학 작품의 배경이 되는 노르망디의 중심을 차지하고 있다. 도빌은 1870년 프랑스 정치체제가 붕괴하면서 침체기를 겪었다. 이러한 침체기에서 벗어난 것은 1912년 이 도시에 카지노와 고급 호텔들이 들어서면서부터다.

그러나 도빌은 자연환경에만 기댄 관광지로 머물러 있지 않았다. 바닷가에 지어진 도빌 국제회의장과 종마 경매장의 명성은 가히 세계적이다. 또한 바닷물을 이용한 치료요법인 '탈라소 테라피'로도 유명하다. 문화행사로는 미국의 신작 영화를 중심으로 하는 '도빌 영화제'와 아시아 영화를 중심으로 하는 '아시아 영화제'가 있다. 영화 『남과 여』가 촬영된 트루빌Trouville 해변이 유명하다. 이곳은 마르그리트 뒤라스, 앙드레 지드, 프루스트, 플로베르 외에 많은 프랑스 작가들의 문학적 배경이 된 곳이다. 아름다운 해변과 문학적 감성이 함께 어우러진 도시가 도빌이다(너울, vol.128).

10) 바르셀로나: 전통 건축예술의 도시

스페인 바르셀로나Barcellona의 매력은 건축가 가우디의 건축물에 있다. 바르셀로나의 유명한 거리는 가우디의 카사 밀라와 카사 바틀로가 위치해 있는 그라시아 거리이다. 가우디 건축물이 세워진 거리를 '부조화의 거리Manzana de la discordia'라고도 한다. 서로 다른 건축물 속에서 가우디 건축물의 특징이 도드라지기 때문이다. 바르셀로나는 19세기 말에서 20세기 초에 지어진 가우디의 건축물로 도시의 얼굴을 만들고 있다. 가우디 대표작이라고 할 수 있는 건물 카사 바틀로는 1874년 지금의 위치에 지은 것을 1906년에 가우디가 개조한 작품이다. 카사 밀라는 바르셀로나 시민들에게는 '라 페드레라La Pedrera(채석장, 바위에 난 구멍)'라고 애칭 되면서 많은 코미디와 만화의 소재가 될 정도로화제를 제공하는 건물이다. 성가족교회는 철저하게 기부금에 의해 지어진 성당으로 많은 수난과 자금난을 겪었다. 이 건물은 20세기 건축의 큰 사건 중의 하나로, 가우디가 죽은 지 60년이 넘은 지금도 공사가 진행 중이다.

귀엘의 의뢰에 따라 바르셀로나 외곽지역에 세워진 귀엘 공원은 20세기 기능주의 건축에 충격을 준 아름다운 공원이다. 전체적으로 자유분방해 보이지만 모든 구성이 기하학적인 분석을 통하여 철저하게 계획된 것들이다. 이렇게 한 건축가의 천재성과 그것을 인정해주는 사회적인 분위기가 바르셀로나를 누구나 가보고 싶은 도시로 만든 것이다.

11) 두바이: 현대 건축예술의 도시

가장 최근에 인간이 만든 건축물로 세계적인 유명 관광지가 된 곳은 단연 아랍에미레이트의 두바이일 것이다. 걸프만 연안의 작은 도시 두바이는 인구 130만 명 정도였던 예전에는 그리 중요한 도시가 아니었다. 재정 또한 수도 아부다비에 의존할 정도로 열악했다. 그러나 바다와 사막밖에 없는 단점을 역으로 이용하여 테마파크와 초고층 건물을 지었다. 인공 섬 위에 7성급 호텔 '버즈알아랍' 등 세계적으로 이슈가 되는 건물을 건설함으로써 관광 대국이자 중동의 허브로 급부상했다.

지금도 '두바이 원더' 프로젝트라는 이름 아래 달에서도 보인다는 팜 아일랜드 계획과 초대형 테마파크인 두바이 랜드, 세계지도 모양의 인공 섬 '더 월드' 등을 중심으로 대규모 개발을 진행하고 있다. 이러한 역발상의 배경에는 중동의 석유가 고갈된 이후에도 두바이를 관광 허브로 육성하겠다는 의도가 깔려있다. 그러나 건축미와 부동산 중심의 도시발전이 문화를 기반으로 한 성장으로까지 지속될 수 있을 것인가에 대한 비전은 여전히 불투명하다.

12) 파리: 세계 문화의 수도

유럽에서 가장 유명한 체험 관광지는 어디일까? 많은 사람들이 프랑스 파리를 꼽을 것이다. 파리는 프랑스의 정치, 경제, 교통, 학술, 문화의 중심지일 뿐만 아니라 세계의 문화 중심지로서 19세기에는 '세계의 수도'라고도 불렸다. 예술과 유행의 도시 파리는 유럽의 중심지이자 세계의 중심지이다. 고대 로마의 유적에서 가장 현대적인 예술과 유행까지, 파리는 서유럽 문화가 가지고 있는 모든 것을 갖추어놓았기에 파리를 보았다는 것은 유럽을 보았다는 말과 다르지 않다. 수많은 예술가와 혁명가들, 사상가들이 공부하고 살았던 장소이며 지금도 그들의 자취가 남아 있다. 파리는 19세기에 설계한 도시이다. 도시 그 자체가 옛 유적과 유물들을 잘 조화시킨 뛰어난 하나의 예술품이다.

파리라는 명칭은 기원전부터 이곳에 살던 갈리아족의 한 부족인 파리시이Parisii 부족의 이름에서 유래됐다. 로마인들은 지금의 시테 섬을 중심으로 이루어진 부락을 루테티아Lutetia라고 불렀으며, 파리라는 이름은 3세기부터 사용되었다. 카이사르에게 점령된 다음부터 로마화가 진행되어 목욕탕, 투기장, 주피터 신전 등이 축조되었다. 6세기 초 메로빙거왕조의 수도가 된 이후 정치 중심지가 되었다.

6~10세기의 파리는 사제司祭의 도시로 바뀌었다. 1000년경부터 두 번째 성벽이 축조되고 도시도 정비되었다. 중세 도시 체제를 갖춘 것은 필리프 2세(재위 1180~1223) 때이다. 이때 축조된 성벽의 이름이 지금도 두 군데 남아 있다. 십자군 원정이 활발했던 시대에 노트르담 대성당의 건설이 진행되었고 신학 중심의 소르본 대학이 창설되었다. 백년전쟁(1337~1453)이 한창이었을 때 상인조합(길드)이 선출한 시장 에티엔 마르셀은 국왕에게 반기를 들고 시정의 독립을 시도하였는데, 이 당시

파리는 3개의 도시가 결합된 형태를 갖추고 있었다. 즉, 시테섬은 왕과 사제의 도시(궁전과 노트르담 대성당), 우안은 좁은 길을 따라 펼쳐져 있는 상인의 도시(항구와 조합), 좌안은 교육도시(소르본대학)였다. 15세기 전반에는 아르마냐크파와 부르고뉴파의 싸움이 계속되었으며, 파리 시내는 치안이 극도로 문란해져 살인과 숙청이 잇따르고 시내는 무법천지가 되었다. 16세기부터는 이탈리아와의 전쟁을 계기로 르네상스 문화가 유입되는 등 궁중 문화가 번창하였고, 이와 함께 인구도 늘어나고 상업이 번성하였다. 콜베르의 중상주의 정책을 실시함으로써 국력은 강화되고 고전문화가 번창하였으며 파리의 인구도 50만으로 팽창하였다. 18세기는 경제적 발전기로, 파리는 계몽주의의 중심지가 되었으며 카페에는 필로조프(哲人)들이 모여 새로운 사상, 학문, 예술의 발전을 논의하였다. 그러나 혁명 중에는 건설보다 파괴가 더 많았고, 특히 교회는 폐허로 변하였다. 이후 새로운 가로망이 구축되었으며 수도설비를 개선하는 등 위생과 안전에 특히 심혈을 기울였다.

지금의 파리 모습은 제2제정시대에 오스망의 개조로 이루어졌다. 그는 실업을 없애고 살기 좋고 청결하며 교통이 편리할 뿐만 아니라 싸움과 혼란이 없는 파리를 만드는 데 주력했다.

큰 거리가 개통되고 주변 건물이 헐리면서 개선문, 노트르담 대성당, 오페라극장 등이 모습을 드러냈다. 또한 중앙시장이 정비되고 주위에 철도가 부설되면서 가스등에 불이 들어왔다. 이에 따라 파리는 새로운 모습을 갖추게 되었다. 시가지가 확장되고 몽수리, 뷔트쇼몽 등의 공원도 조성되었다. 제2차 세계대전 중에는 독일군에게 점령되었으나 비무장 도시여서 큰 파괴는 면할 수 있었다. 드골 정권이 들어선 뒤 파리의 건물들은 말끔하게 정돈되어 '하얀 파리'가 되었다. 지금도 도시계획이 진행되고 있는 파리는 계속 변화하고 있다. 유명 인사의 묘가 늘어선 묘지, 조각, 기하학적 식목, 분수 등으로 꾸며진 공원, 동식물원 등 녹지대가 많으며, 모든 가로에 보도가 딸리고 대로변에는 가로수가 줄을 잇는다. 세계 최대의 콩코르드 광장을 비롯한 많은 광장과 로터리가 있기 때문에 건물이 차지하는 면적은 전체의 3분의 1에 지나지 않는다. 루브르 미술관, 현대미술관을 비롯하여 로댕, 부르델 미술관 등이 있으며 개인별 미술관이나 사설 미술관을 포함하면 미술관 수가 40개가 넘는다. 국립도서관, 국립고문서관 등은 귀중한 자료를 모은 중요한 장소이다. 국립극장인 오페라극장, 사르파발극장을 비롯해 50여 개의 크고 작은 극장이 산재해 있다.

음악회는 오페라극장이나 방송국 전속 연주회 이외에 파리 관현악단 등 4개의 관현악단이 정기적으로 연주회를 개최하는 등 활발하게 활동하고 있다. 샹송이나 오락 중심의 극장도 10여 개나 되고 상설 서커스 극장, 카바레, 영화관 등은 무수히 많다. 텔레비전과 라디오 방송국은 모두 국영이다. 그밖에 롱샹에는 유명한 경마장이 있고 뱅센에는 동물원과 경기장이 있다. 각종 전시회가 열리는 화랑도 80개가 넘는다.

파리는 그 자체가 하나의 박물관이다. 개선문Arc de Triomphe, 샹젤리제 거리Avenue de Champs Elysees, 루브르 박물관Musee de Louvre, 오르세 미술관Musee d'Orsay, 노트르담 성당Cathedrale Notre Dame, 생 제르맹 데 프레St. Germain des Pres 성당, 에펠탑Tour Eiffel, 콩코르드 광장Place de la Concorde, 몽마르트르Montmartre, 베르사유 궁전Versailles 등이 파리의 대표적인 소장품들이다.

2. 체험과 가로환경 재생

1) 시애틀: 장기 경관 조성 전략

미국 시애틀은 '블루링Blue Ring'이라는 '도심부 오픈 스페이스 조성전략'을 수립했다. 이 계획은 도심부 주위를 공원과 같은 녹지로 만드는 것인데 장기계획과 실행계획으로 나뉘어0 있다. 장기

비전은 100년 앞을 내다보는 100-year Vision 계획이며, 실행계획은 10년간 추진하게 될 The Next Decade 계획으로 구성되어 있다. '블루링' 계획은 도심부 주위에 있는 공원과 녹지를 연결해서 일종의 링^{Ring}과 같이 도심부를 둘러싸게 하는 것이다. 도시를 둥그렇게 녹지로 둘러싸 보다 쾌적한 가로환경을 조성하는데 목적이 있다(세계도시동향, vol.66).

2) 뉴욕: 센트럴파크

대도시 공원조성의 한 예로는 뉴욕의 센트럴파크를 들 수 있다. 센트럴파크는 16년의 공사 끝에 1873년 완공된 미국 최초의 대형 도시공원이다. 101만 평의 장방형 부지에 숲^(16만 평)과 녹지^(연못 저수지 18만 평, 잔디밭 30만 평)로 구성된 현대 도시공원의 시발점이라고 할 수 있다. 1840년대 뉴욕 맨해튼의 급격한 도시화로 업무나 주거환경의 질이 저하되면서 공원녹지 공간의 필요성이 대두됐다. 1858년 뉴욕시가 공원계획안을 현상 공모해 프레드릭 로 옴스테드^{Frederick Law Olmsted}와 칼베르 보^{Calvert Vaux}의 '그린스워드 플랜^{Greensward Plan}'이 당선되어 공원이 조성되었다. 1950년대부터 1970년대까지는 공원의 관리소홀로 황폐해져 CPC^(Central Park Conservancy)라는 민관파트너십을 도입했다.

이 기구의 활동으로 1980년대에는 공원의 기능을 완전히 회복했다. 센트럴파크는 세계적인 대도시에 자연적인 휴식공간을 만들어서 시민들의 휴식과 공기의 정화작용을 담당케 했다. 특히 공원관리에 있어 미국식 기부문화에 기반을 두고 시민들과 파트너십으로 공원을 관리하고 있다. 또한 무분별한 개발을 억제하고 있다(세계도시동향, vol.152).

3) 도쿄: 도쿄 경관 계획

일본의 도쿄는 국가가 주도적으로 경관에 대한 관심을 기울인 대표적인 사례이다. '경관법'이란 것을 시행하고 있는 것을 보면 알 수 있듯이, 일본은 문화도시에 대한 관심이 상당히 높다. 도쿄는 아름다운 도시를 만들기 위해 구체적인 도시계획법과 건축법에 근거한 '도쿄 경관계획'을 수립하였다. 계획은 크게 경관법을 활용하는 시책과 기존 도시개발 제도와 연계한 경관시책으로 나눌 수 있다. 경관법 활용에는 신고제도에 의한 경관 관리와 경관 중요 건축물 보전 활용, 경관 중요 공공시설의 정비 개선으로 나누어진다. 도시개발 제도 연계 시책은 도시계획 제도를 활용한 대규모 건축물과 공공시설 정비에 의한 도시공간의 질 향상, 역사적 건조물의 보존 등에 의한 경관 형성으로 나뉜다. 도쿄 경관계획의 특징은 경관형성특별지구를 지정하고 주변 조망을 양호하게 보존하는 것으로, 4개의 문화재 정원 등 경관형성특별지구와 1개의 수변경관형성특별지구를 경관법에 의해 지정한다는 것이다(세계도시동향, vol.181).

3. 체험으로서의 축제

축제는 좁은 의미로서 지역과의 역사적 상관성 속에서 생성·전승된 전통적인 문화유산을 축제화하는 것이며, 넓은 의미로는 전통축제뿐만 아니라 문화제, 예술제, 전국 민속예술 경연대회를 비롯한 각 지역의 문화행사 전반을 포괄한다. 오늘날에는 광의로 받아들여 지역축제의 범위를 확대하고 있는데 이러한 축제는 연극, 페스티벌, 이벤트가 중심이 되면서 전문적 기획자 및 연출자와 같은 인적 인프라와 이를 보러 오게 되는 관광객, 즉 문화소비자로 구성된다(박철홍, 2003).

이에 따라 지역축제가 중요시되는 이유는 축제를 중심으로 지역민의 단합뿐만 아니라, 지역과 타 지역이 교류하게 되면서 지역 간의 역사와 전통과 문화양식에서 공감대를 구축할 수 있는 수단이 되기 때문이다. 이에 따라 넓은 네트워크를 구축하게 되고, 지역 고유의 정체성과 자랑거리를 홍보하면서 경제적 소득과 고용창출을 이룰 수 있다. 즉 관광산업은 축제를 통하여 문화유산이나 자연환경 같은 유형적 문화관광이 아닌, 수준 높은 문화예술 행사를 중심으로 그 고장의 역사, 문화, 자연경관을 소재로 하는 문화예술을 체험할 수 있는 고부가가치적 문화 마케팅을 펼치게 된 것이다. 이렇게 도시공간을 정비하고 도시의 핵심적 가치를 표현하는 상징적 공간으로 만들어나가는 과정을 '공간 브랜드 만들기hard branding'라고 한다. 축제, 메가이벤트는 언론과 관광객으로 하여금 지역을 인지하고 매력을 느끼게 하며, 실제로 지역을 방문하는 계기로 작용하는 등 도시이미지를 전달하는 매우 효과적인 방법이다.

1) 아비뇽: 아비뇽 축제

문화축제의 대표적인 예로 프랑스 아비뇽 축제를 들 수 있다. 아비뇽 축제는 프랑스에서 가장 오래되고 큰 축제로 매년 7월 중순에서 8월 중순 사이에 열린다. 아비뇽은 1309~1377년까지 로마에서 이주한 교황청이 있었으며 이후 7대에 걸쳐 교황이 거주하게 된 '아비뇽의 유수' 사건으로도 유명한 곳이다. 아비뇽 축제는 1947년 아비뇽 연극제로 시작했다. 1964년까지 17년간 아비뇽에서 문화예술 공연에 전념했던 연극인 '장빌라'의 희생과 노력 덕분에 축제로 발전하게 되었다. 초기 10년 간 만성적자에 시달렸지만 주관 행정부처의 일관성 있는 행사 의지와 지원 덕분에 어려움을 극복했다. 축제는 회를 거듭하면서 세계 어느 도시의 문화축제보다도 훌륭한 명성을 얻게 되었다. 여타 도시에서 벤치마킹을 할 정도로 성공적인 축제 사례로 꼽히고 있다. 프로그램은 크게 공식선정부문인 In과 비선정부문인 Off로 나누어진다. 페스티벌 사무국에서 선정하는 In은 각국 공연 관계자들에게 주목을 받으며 공연이 되며, 시청의 허가를 받아 어떠한 극단이라도 공연할 수 있는 Off는 교황청, 성당, 수도원, 학교, 채석장 등 다양한 장소에서 공연된다. 따라서 축제기간에는 도시 전체가 공연장이 된다. 또한 포도주, 영화 등과 관련된 축제가 연중 기획되어 도시 전체가 일 년 내내 축제 준비를 한다.

연극제를 보기 위해 해마다 세계 각국에서 수십만 명의 인파가 모여들고, 도시 전체는 연극, 발레, 예술, 음악 등 공연예술로 가득 찬다. 연극제는 셰익스피어로부터 그리스 비극, 프랑스 광대극, 모던 댄스, 발레 등에 이르는 다양한 공연으로 채워진다. 거리와 광장에서는 거리 공연가와 악사, 마임 등 다양한 퍼포먼스가 펼쳐지고 매일 밤 새로운 작품들이 선보이며 수

많은 관객을 매료시킨다. 젊은 예술가들에게 새로운 기회와 도전의 장을 열어주는 것은 물론이고, 연극제를 통해 극작가와 무대감독, 배우들이 새롭게 발굴된다.

아비뇽은 과거 건축물들의 모습을 원형 그대로 보존하는 것으로 유명하다. 공연장 역시 이러한 건축물을 이용한다. 14세기의 건축물인 교황청 궁전의 안마당은 여름이 되면 2,200여 명을 수용할 수 있는 거대한 야외무대로 변하게 되며, 그 밖에도 여러 성당과 수도원, 극장, 광장 등이 공연장으로 사용된다 (너울, vol.71).

2) 에든버러: 에든버러 프린지 페스티벌

세계적인 공연 축제에서 빼놓을 수 없는 게 스코틀랜드의 에든버러 프린지 페스티벌이다. 에든버러 축제는 매년 여름부터 가을 초순에 걸쳐 거의 8월 한 달간 개최된다. 질과 양적인 면에서 세계 최대의 종합예술축제라고 할 수 있다. 세계 각국에서 참가한 연극이나 마임, 퍼포먼스, 콘서트, 오페라 등이 개최기간 동안 에든버러 시가지 전역에서 열린다. 축제를 보기 위해 매년 세계에서 수백만 명의 여행객이 에든버러를 찾는다.

프린지는 제2차 세계대전 이후 정치적인 의도를 가지고 시작된 종합공연축제였다. 하지만 공식적인 초청을 받지 못한 극단이 자신들을 홍보하고자 공연장 주변에서 공연을 하기 시작했고, 이러한 공연들이 사람들의 관심을 끌게 되었다. 이것이 언론을 통해서 전 세계에 알려지게 되었는데, 이때부터 언론들이 '공식 축제 연극의 주변The fringe of the official festival drama'이라고 언급하면서 프린지라는 명칭이 공식적으로 사용된다. 1957년 프린지협회Festival Fringe Society가 결성되고 운영협회 차원에서 모든 참가 단체들의 공동 마케팅과 홍보를 대행한다는 원칙과 함께 조직적인 시스템이 갖춰지면서 프린지 축제는 급속하게 성장한다. 축제의 성장은 타 지역 공연발전의 성공 모델이 되어 전 세계적으로 프린지 축제가 생겨나는 계기를 만들게 되었다. 우리나라 '난타' 공연팀 역시 프린지 페스티벌에서 전회 매진을 기록하며 국내외에서 대성공을 거두는 발판을 마련하였다.

3) 앙굴렘: 국제 만화 페스티벌

축제를 중심으로 문화도시로 성장한 예로 프랑스 앙굴렘을 들 수 있다. 앙굴렘은 전형적인 지방 도시로 1970년대 이전까지만 해도 침체에서 벗어나지 못했다. 하지만 1974년부터 매해

1월 국제만화페스티벌을 개최하면서 유럽을 대표하는 세계적 출판만화 도시로 변모하였다. 앙굴렘 국제만화페스티벌은 전 세계의 만화와 만화가를 앙굴렘으로 초대하여 소개하며, 각국 만화산업과 작가 발굴 등 만화에 대한 전반적인 것을 다루는 종합적인 축제다. 도시 발전 한계를 이해하고 문화예술인, 시민들과 지자체와 중앙정부의 지원이 조화를 이루면서 축제가 성공할 수 있었다.

앙굴렘이 만화 메카로 자리 잡은 것은 도시 전체가 만화적 발상과 아이디어 등 모든 것을 만화에 연계시켰기 때문이다. 행사가 거듭되는 동안 유통, 관광, 교통 등 연관 산업의 규모가 커지고 부가가치가 증가하였다.

앙굴렘 국제만화페스티벌은 3개의 축으로 나누어진다. 첫 번째는 현재 만화 현황을 파악하는 것이다. 각 출판사는 자신의 대표적인 작가를 내세워 사인회를 하는 등 관객들과의 소통에 관심을 기울인다. 두 번째로 만화와 관련된 모든 문화적인 즐거움을 누리기 위한 다양한 전시와 행사를 준비한다. 세 번째로 만화의 미래를 준비하는 것이다. 앙굴렘 시내에 있는 '발견의 공간'에서는 나이와 연령에 따라 나누어진 공간에서 여러 행사가 벌어진다. 1990년에는 '국립만화 이미지센터'를 앙굴렘에 만들었다. 이를 통해 체계적인 만화의 수집, 보관, 소장과 만화에 대한 지속적인 탐구와 새로운 인력 창출, 대중적인 전시활동을 할 수 있게 하였다(임학순 외, 2007: 252~261).

4) 리우데자네이루: 리우 카니발

세계적으로 가장 열광적인 축제라고 하면, 브라질 리우데자네이루에서 열리는 카니발을 들 수 있다. 리우 카니발은 매년 2월 말부터 3월 초에 나흘 동안 브라질의 리우데자네이루에서 삼바퍼레이드를 중심으로 열리는 축제이다. 토요일 밤부터 수요일 새벽까지 밤낮을 가리지 않고 축제가 열린다. 원래 카니발은 금욕 기간인 사순절을 앞두고 즐기는 축제였다. 리우 카니발은 포르투갈에서 브라질로 건너온 사람들의 사순절 축제와 아프리카 전통 타악기 연주와 춤이 합쳐져 생겨났다. 이것이 발전하여 20세기 초 지금과 같은 형식의 카니발이 완성되었다.

1930년대 초반까지는 단순한 거리축제였으나 삼바학교들이 설립되고 학교별로 퍼레이드를 펼치면서 현재와 같은 큰 규모의 축제로 발전하였다. 리우 카니발에서 가장 중요한 것은 삼바퍼레이드이다. '삼바드로모'라는 거리에서 타악기를 연주하는 대규모 밴드 '바테리아'와 함께 삼바 무용수들이 춤을 추며

행진한다. 이러한 삼바 퍼레이드에서 삼바 춤을 추는 사람만 약 4,000명에 이르고 리우 카니발이 열리는 기간 동안 세계에서 약 6만 명의 관광객이 찾아온다. 이것은 브라질을 찾는 관광객 전체의 3분의 1에 해당하는 숫자다.

5) 마인츠: 라인 카니발

광란의 축제로 독일 마인츠의 라인 카니발을 빼놓을 수 없다. 축제의 기원은 사육제이며 그야말로 광란의 축제라 할 수 있다. 축제는 '장미의 월요일Rosenmontag'에 절정을 이뤘다가 '재의 수요일Aschenmittwoch'에 끝난다. 예수의 부활절 전 40일간, 즉 금욕과 금식이 시작되는 사순절이 되기 전에 실컷 먹고 마셔두자는 주지육림의 잔치인 것이다. 라틴어인 카니발은 'Carne=고기'와 'val=격리'의 뜻을 지니고 있으니, '고기와의 작별'이란 말로 이해할 수 있다.

라인 카니발은 11월 11일 11시 11분에 카운트다운과 더불어 시작한다. 축제가 시작되면 웃음소리와 음악 소리, 그리고 이국적인 의상들이 도시의 밤낮을 가득 메우게 된다. 이 기간은 공휴일로 선포되고 상점들은 완전히 철시하게 된다. 축제 기간 동안 사람들은 각양각색의 의상을 입고 술을 마시며 음악을 즐기고 춤을 추는데, 이로 인해 도시는 거의 무정부 상태에 이르게 된다. 라인 카니발은 사순절이 시작되기 일주일 전인 목요일부터 본격적으로 펼쳐진다. 카니발의 하이라이트는 '장미의 월요일'이다. 이날은 마인츠로부터 뒤셀도르프에 이르기까지 라인 강변의 모든 도시에서 성대한 가장행렬이 펼쳐진다. 기업, 조합, 모임 단위로 온갖 기상천외한 아이디어를 살려 가장행렬을 진행한다. 이날은 또 '여인들의 목요일'이라 하여 여인천하가 된다. 여자들이 대낮부터 마음껏 술을 마시고 떼 지어 다니며 가위로 남근의 상징인 남자들의 넥타이를 자른다. 실컷 먹고 마시고 노는 '장미의 월요일'이 지나고, 사육제는 '재의 수요일'에 마감된다. 일상에서 탈출하여 일탈함으로써 삶의 스트레스를 풀어버리고 활력을 되찾는 과정이 라인 카니발의 목적이기도 하다(너울, vol.120).

4. 체험으로서의 테마파크

세상에는 무수한 테마파크가 있다. 디즈니랜드와 같은 대규모 자본이 들어간 테마파크에서 작은 정원과 같은 허브 테마파크까지 그 규모도 매우 다양하다. 문화적 체험이라는 측면에서 '윈저 레고랜드', '하우스텐보스', '아사히야마 동물원'을 한번 짚고 넘어갈 필요가 있다.

1) 윈저 레고랜드

윈저 레고랜드는 장난감 레고를 테마로 해서 만든 테마파크의 대표적인 사례이다. 레고는 1930년대 중반 덴마크의 시골 빌룬트의 고트프레드가 만든 오리 장난감에서 시작했다. 이것이 호응을 얻자 고트프레드는 자동차, 배 등으로 장난감을 늘리고 덴마크어로 '재미있게 놀아라'라는 뜻의 레그 고트Leg Godt에서 따온 레고Lego라는 상표를 붙였다. 레고라는 말은 라틴어로 '나는 읽는다', '나는 조립한다'라는 뜻도 가지고 있으니 장난감의 콘셉트와 잘 맞는다고 할 수 있다. 이렇게 시작된 레고 장난감은 고트프레드가 레고 특유의 올록볼록한 요철이 없는 블록을 만들어서 현재와 같은 조립형 레고 장난감으로 탄생하였다.

현재 세계에서 가장 잘 팔리는 장난감 중 하나인 레고를 중심으로 한 테마파크 레고랜드는 세계적으로 5곳이 운영되고 있다. 레고 본사가 있는 덴마크의 빌룬트, 미국 캘리포니아, 독일 뮌헨, 베를린, 영국 윈저가 그곳이다. 이곳에서는 레고라는 장난감 블록으로 미니어처 도시를 만들고 다양하게 상황을 연출한 레고 인형들이 볼거리를 제공하고 있다.

2) 하우스텐보스

하우스텐보스^{Huis Ten Bosch}는 1992년 3월 일본 큐슈 나가사키 현에 중세 유럽^(17세기 네덜란드)의 도시를 재현해 만들어진 테마도시이다. 하우스텐보스란 네덜란드어로 '숲속의 집'을 뜻하는데, 현재 네덜란드 여왕이 거처하는 '팰리스 하우스텐보스'를 그대로 재현한 것으로 네덜란드의 허가를 받아 만들었다. 아름다운 환경과 운하로 둘러싸인 도시는 이색적인 풍경을 보여준다. 테마도시 안에 호텔과 요트 정박소가 있다. 면적은 152 헥타르^(모나코 공국과 거의 같음)이며, '세계 제일의 꽃 리조트'라는 명성에 걸맞게 거리에는 계절마다 다양한 꽃이 피어난다.

일본이 쇄국정책을 고수하던 에도시대에 유일하게 일본 밖으로 문호를 연 무역항구가 나가사키 짬뽕으로도 유명한 나가사키이다. 이때 무역상대국은 네덜란드와 중국으로 한정되어 있었다. 네덜란드와 일본의 교류는 1600년 네덜란드의 데리프더 De Liefde라는 배가 큐슈에 표류하면서 시작되었다. 이후 메이지시대^(19세기 후반)에 나가사키는 번영을 구가하였지만, 후에 밀어닥친 현대화의 물결에 휩쓸려 뒤처지게 되었다. 이러한 상황에서 역사, 건축, 해양, 환경학자들이 네덜란드와 나가사키 간의 역사, 문화적 배경에 대해 점점 더 많은 관심을 갖게 되면서 네덜란드 정부와 일본 기업들의 후원으로 하우스텐보스 프로젝트가 시작되었다. 하우스텐보스가 들어선 지역은 원래 황폐한 매립지였기에 먼저 토지를 개량하고, 약 40만 그루의 수목과 30만 포기의 꽃을 심어 토지 본연의 생명력을 찾게 했다. 약 5년이라는 시간에 걸쳐 조성된 하우스텐보스의 거리는 네덜란드의 국토조성을 모델 삼아 꾸며졌다. 거리 곳곳에 흐르는 운하는 총 길이가 6km로 모두 돌을 이용해 만들었으며 해수를 끌어들여 자연생태계를 유지할 수 있게 했다. 테마도시에서 발생하는 오수는 정화작용을 거친 후 화장실의 세척수와 수목 살수용으로 재활용하는 등 절약과 테크놀로지를 활용한 '에코시티Eco City'시스템을 도입하였다. 하지만 불리한 위치조건 등으로 일반인들의 관심과 달리 고객 유치에 실패해 적자를 면치 못하고 있다. 아무리 계획이 좋더라도 대규모 투자가 들어가는 경우 사람들의 기본적인 욕구와 입지에 관한 신중한 사전조사가 있어야 한다는 것을 보여준다.

3) 아사히야마 동물원

가와바드 야스나리의 소설 '설국'으로 유명한 일본의 가장 북쪽에 위치한 춥고 눈이 많은 홋카이도의 아사히가와시에 아사히야마 동물원이 있다. 이곳은 폐쇄될 위기에 있던 동물원이었는데 발상의 전환을 통해 일본 최고의 동물원으로 바뀌었다.

동물원 입장객 수를 살펴보면 2005년도 입장객 수 전국 1위는 도쿄의 우에노 동물원의 약 338만 5,000명이고, 그 뒤를 아사히야마 동물원이 206만 7,684명으로 2위다. 도쿄 인구가 1,200만 명에 근교까지 포함하면 2,000만 명이 넘는 것을 생각하면, 36만 명에 불과한 아사히야마시에 있는 아사히야마 동물원의 성공은 사람들의 주목을 끌기에 충분하다. 하지만 예전 아사히야마 동물원의 입장객은 지금처럼 많지 않았다. 아사히야마 동물원은 1983년 입장객 수가 59만 7,000여 명에서 현저하게 줄어들기 시작해 1994년에는 28만 4,900여 명으로 반토막이 났다. 결국, 동물원은 폐쇄된다. 그러다가 1995년 다시 개장해 입장객 수가 늘기 시작하였고, 마침내 우에노 동물원의 입장객 수를 능가하여 일본 1위의 동물원이 되었다.

무엇이 아사히야마 동물원을 변화시킨 것일까? 그것은 원장과 직원들의 발상의 전환에서 비롯되었다. 아이디어 회의에서 '행동전시' 즉, 동물이 살고 있는 환경에 가까운 전시 방법을 지향해야 한다는 결론을 얻어냈다. 1990년 중반 우선 노후화한 시설에 재투자하고 1999년부터는 겨울에도 동물원 문을 열었다.

추운 지역에서 온 동물들이 겨울에 활발하게 움직이는 것을 이용하면서 동물원 전시의 개념을 바꾼 것이다. 펭귄관에서는 사람들이 수조에 설치된 터널을 지나가면서 펭귄들이 수중에서 헤엄치는 모습을 볼 수 있게 하였고, 겨울에는 밖에서 펭귄과 함께 걸을 수 있게 했다. 이러한 동물전시에 대한 발상의 전환은 "동물원은 동물들이 마음을 놓고 있는 자연스러운 모습을 보는 곳이며, 동물들이 즐겁지 않다고 느끼면 사람들은 찾아오지 않습니다"라는 코스게 마사오 원장의 말에서도 잘 나타난다. 이러한 생각으로 똘똘 뭉친 직원들이 원포인트 가이드로써 사람들에게 동물의 생태에 관해서 설명하고 사람들의 마음을 끌어당겼던 것이다. 이런 혁신 과정 속에서 원장은 토론을 거쳐서 만든 14장의 동물원 스케치를 가지고 시장을 만나 16년 만에 예산을 얻어내기도 했다. 동물원 내에서는 관람객 안내를 지원하는 아사히가와 시민과 근처의 많은 주민이 자원봉사활동을 하고 있다. 단순한 관람이 아닌, 동물원을 관람한 사람들이 생명에 대한 경이로움을 느낄 수 있도록 했던 것이 동물원 성공의 가장 큰 이유가 되었던 것이다.

6 스토리로서의 문화도시

오늘날 세계의 주요 도시는 도시 이미지 자체가 하나의 브랜드로 인식되고 있다. 뿐만 아니라 지역의 문화적 특성, 창조성을 활용하는 문화 중심적인 도시계획을 이루기 위해 문화를 하나의 전략으로 채택하고 있다. 문화를 통한 지역발전은 지역민의 자발적이고 장기적인 참여가 이루어질 때 지속성을 가지게 된다. 도시 안에 특별한 상징물을 짓기보다는 그 시대 주민의 일상을 담은 공통적 이야기story를 담아야 한다. 문화도시는 지역 고유의 콘텐츠를 바탕으로 미술관, 기념관, 박물관 같은 물적 문화 인프라와 문화 소비자이자 생산자 역할을 하는 지역 주민, 지자체, 대학 등과 연계되어 기획되어야 한다. 궁극적으로 연중 볼거리와 즐길 거리가 있는, 언제든 다시 찾을 수 있는 도시always-on city를 만들어야 한다. 그러기 위해서는 박물관이나 극장 등을 확보하고 각종 행사를 개최하는 노력이 중요하다. 즉, 도시 전체를 테마파크화해 도시 내의 모든 문화적 자원들을 하나로 묶어 스토리화 하는 것이다. 도시의 스토리화를 위해서는 여러 요소의 상호연계가 중요하다. 따라서 지자체는 전체적인 계획뿐만 아니라, 관광객 유치에 힘쓰는 동시에 시민들의 참여를 이끌어내야 한다. 시민을 단순한 거주자가 아닌 창조적 문화 제공자로 만들어야 하는 것이다.

1. 엑상프로방스: 폴 세잔

프랑스 남부 엑상프로방스Aix En Province에는 꾸르 미라보Cours Mirabeau라는 아름다운 산책로가 있으며, 그라네 박물관Musee Granet에는 그리스·로마 시대의 다양한 유물이 전시되어 있다. 엑상프로방스는 후기 인상파의 대가 폴 세잔Paul Cezanne과 에밀 졸라Emile Zola의 예술 활동으로 유명한 곳이다. 예술가들의 창작의 산실이었을 뿐만 아니라, 인근에서 펼쳐지는 '7월의 서정 오페라 축제', '아비뇽 페스티벌', '국제 재즈 페스티벌', '오랑쥬 합창제', '아를 국제 사진 페스티벌' 등이 연계되어 시너지

효과를 창출한다.

폴 세잔은 1839년 엑상프로방스에서 태어나 그곳에서 평생 그림을 그리다가 1906년에 죽었다. 그는 후기 인상파의 대가로 인상파 미술을 입체파 그림으로 연결시킨 화가였다. 세잔은 엑상프로방스에서 창작활동을 하면서 일생을 보냈다. 그렇기 때문에 거리, 나무, 상점, 사람, 공원, 산 등 엑상프로방스의 모든 풍경이 세잔의 그림 속에 들어있다. 세잔은 이곳 출신인 에밀 졸라와 함께 어릴 적부터 근교 아르크 강가나 비베뮤의 채석장으로 돌아다니곤 했다. 이러한 경험이 그의 작품 속에 등장하게 된다. 예술 작품 속에 등장하는 전원과 고성, 마을 풍경이 다양한 정취를 주는 곳이 프로방스이다.

2. 오덴세: 안데르센

덴마크 오덴세는 안데르센이라는 문학가가 중심인 문화도시이다. 안데르센 박물관에는 그의 작품세계를 설명해주는 전시물들이 다양하게 준비돼 있다. 안데르센이라는 작가를 중심으로 도시의 스토리를 구성한 것이다. 오덴세는 안데르센이 여행한 나라와 그의 책이 번역된 모든 국가를 대상으로 마케팅을 추진하고, 박물관과 그의 기념관을 건립해 콘텐츠를 확보하는 등 적극적으로 도시를 알리고 있다. 또한 오덴세 시립 박물관Odense City Museums은 전시회와 함께 공공서비스 및 정보제공을 통한 커뮤니케이션 활성화, 자료의 수집과 보존, 미술품 및 문화재 보존, 도서관 및 자료실을 운영하고 있다. 지역 주민들이 역사와 미술, 그리고 문화사에 대한 소양을 기르는 데 도움을 주기 위해서이다.

이러한 문화 기반 덕분에 오덴세는 교육환경이 좋은 도시로도 유명하다. 실제 오덴세의 학생 수는 총인구의 20%에 이른다. 오덴세는 대형프로젝트보다 체험 위주의 다양한 프로젝트를 진행하고 있다. 시민의 창조 역량 강화를 위해 공모전, 작품 전시회를 주관하고 도시 전체를 대상으로 야외축제 및 공연 등을 진행하고 있다.(너울, vol.174).

3. 브라쇼브: 드라큘라

드라큘라를 모르는 사람은 없을 것이다. 소설뿐만 아니라 영화, 만화 등에 무수히 등장한 캐릭터이기 때문이다. 루마니아의 중부 도시 브라쇼브Brasov에는 드라큘라 성으로 유명한 브란성Bran Castle이 산 위에 뾰족 요새처럼 지어져 있다. 1377년 브라쇼브 상인들이 쌓은 성이다.

15세기 왈라키아 공국의 왕자 블라드 드라큘 테페스는 투르쿠 포로들을 말뚝에 박아 공중에 매달아 놓고는 가난한 자와 병자들에게 성대한 잔치를 베푼 후 그들을 가난과 질병으로부터 해방시켜 준다는 명목으로 포로들을 모두 불에 태워 죽였다. 이후 테페스는 '말뚝으로 박는 자', 드라큘라는 '악마' 또는 '용'을 의미하게 되었다. 브람 스토커가 트란실바니아의 역사와 풍습, 전설 등을 연구한 후 '블라드 드라큘 테페스'를 모델로 1897년 작품『드라큘라』를 발표하였다. 그 후 드라큘라는 흡혈귀의 대명사가 되었다.

4. 투르쿠: 무민

아기자기한 캐릭터로 문화도시를 만든 핀란드의 투르크시도 문화도시의 좋은 예다. 투르크시는 1812년까지 핀란드의 수도였다. 투르쿠는 핀란드에서 가장 오래된 도시이며 핀란드 동화작가 토베 얀손의 동화 캐릭터 '무민Moomin'을 기리는 무민 동산이 가까운 섬에 위치하고 있다. 투르쿠시는 무민 캐릭터뿐만 아니라 여러 곳에 갤러리, 아트센터 등을 두고 있으며, 다양한 공연장에서 실내악, 오케스트라, 재즈, 록 등 연주 행사와 이벤트가 매년 열리고 있다. 가장 오래된 록 페스티벌인

'루이스록^{Ruis Rock}'을 개최하고 있다.

5. 산티아고 데 콤포스텔라: 종교

종교적인 스토리도 문화도시를 만들 수 있다. 프랑스의 루르드, 포르투갈의 파티마와 함께 세계 3대 가톨릭 순례지인 스페인의 산티아고 데 콤포스텔라가 그 예다. 이곳은 히스파니아에서 포교하다가 예루살렘으로 돌아와 순교한 사도 성 야곱의 무덤이 9세기 초 수도승인 페라요에 의해 발견되면서 유명해졌다. 콤포스텔라는 유럽의 문화유산을 재해석하고 전 유럽인에게 '유럽 정신'을 고취하려는 취지로 1985년부터 유럽연합 회원국 문화장관들이 합의하여 조성한 문화도시이다. 이후 순례 행로 주변에 성당, 교회, 병원, 숙박시설을 설치하고 모든 '순례의 길'에 가리비 문양의 상세한 안내표지를 만들었다. 정책 수립 네트워크를 구성해 '산티아고 데 콤포스텔라의 길과 지역발전'이란 주제를 설정하여 프로젝트화했다. 이것을 유럽 전역에 확대하였고, 순례 행로와 주변 환경 보존, 관련 유산 복원과 관련해 전문 연구자에 의한 학술 조사와 연구를 병행했다. 이러한 노력 덕분에 1998년 약 282만 명이던 방문객이 2000년엔 약 457만 명으로 늘어났으며, 고용 또한 7% 증대되었다(너울, vol.101).

6. 바스: 온천의 도시

목욕이라는 뜻을 지닌 영어 바스Bath는 영국의 한 도시로부터 비롯되었다. 바스시는 로마 시대 이래 스파의 중심이 되어온 영국의 도시로 온천물이 풍부한 곳이다. 바스 지방의 도부니Dobunni 족은 온천을 강과 온천을 지배하는 치료의 여신 술리스Sulis와 소통할 수 있는 장소라고 믿었다. 바리어왕의 아버지 블레더드는 왕위계승자였음에도 불구하고 나병환자였으나 이곳에서 목욕한 후 나병을 완치하여 왕위에 오르고, 온천에 자기 이름을 붙이도록 했다는 전설이 있다. 온천 유적지 로만 바스는 온천을 중심으로 마을이 형성되어 있다. 다양한 거리 풍경과 고풍스러운 영국 도시의 모습을 지니고 있어 예술가와 귀족들이 즐겨 찾는 휴양지였다. 많은 문학작품의 배경이 되기도 했다. 로만 바스의 대표적인 장소로는 온천 수영장인 대욕장Great Bath과 온천 찻집 펌프룸Pump Room을 들 수 있다. 왕의 온천The King's Spring에서 샘솟는 미네랄 워터는 스파 워터라는 이름으로 판매되고 있다. '로열 크레센트' 건물은 1987년 유네스코가 선정한 세계 문화유산으로 등록될 만큼 아름다운 건축물이다.

바스시는 시민들이 직접 BTP(Bath Tour Plus) 멤버가 되어 여행객들에게 바스시를 홍보하고 해외 미디어를 유인하는 활동 등의 온라인 홍보를 하게 한다. 이를 통해 시민들에게 자긍심을 고양하게 하는 것이다. 그 밖에도 바스시를 알리는 여러 가지 투어를 진행하며, 도시를 대표하는 인물을 내세워 마케팅을 추진하는 한편, 주요 인물의 기념관을 건립하는 등 지속적으로 콘텐츠를 확보하고 있다. 대표적으로『오만과 편견』의 작가 제인 오스틴을 기리는 센터를 건립했으며 그녀의 흔적을 따라가는 투어도 만들었다. 바스시는 현재 도시가 보유하고 있는 인적 자산을 관리하고 관련 프로그램을 개발하는 것이 물적 자산만큼이나 중요하다는 것을 보여주고 있다.

7. 클라겐푸르트: 민족적 다양성이 만든 문화

역사적으로 다양한 민족과 문화가 충돌해 새로운 문화가 형성된 예로 오스트리아의 클라겐푸르트 Klagenfurt가 있다. 이탈리아 국경과 슬로베니아 국경이 맞닿아 있는 이 도시는 인구 8만 7천 명의 아담한 도시이다. 알프스 산맥과 200여 개의 호수로 둘러싸인 정원 같은 분위기를 느낄 수 있는데, 이곳의 문화적 성격, 민족의 구성도 주변 환경만큼이나 다양하다. 이곳은 예로부터 켈트족, 로마인, 프랑스인, 슬라브족 등의 경계였기에 당연히 전쟁터일 수밖에 없었다. 중부 유럽과 남부 유럽을 연결시켜 주는 중요한 지점이기에 일리아인, 로마인, 슬라브족, 게르만족이 다양하게 혼재돼 있다. 이러한 지리적 환경 때문에 다양한 문화 행사를 주최하고 여러 민족의 교류를 통해 갈등을 넘어 공동의 평화를 추구하고 있다.

클라겐푸르트라는 도시명은 '갯벌을 둘러싸고 탄식 소리가 끊이지 않았다는 뜻'을 지니고 있다. 아주 옛날에 이 도시의 유명한 뵈르터 호수에 사람을 먹는 괴물이 있었다. 지역 영주가 그 괴물을 잡는 자에게 상을 준다고 하였고, 그 괴물을 잡은 청년이 상으로 받은 땅이 바로 클라겐푸르트라고 한다. 클라겐푸르트의 상징인 뵈르터 호수woerthersee는 구스타브 말러나 브람스 같은 음악가들이 머물면서 『루루』나 『바이올린 협주곡 1번』 등 유명한 작품들을 작곡한 곳이기도 하다. 뵈르터 호수 옆에 있는 렌트운하Lendkanal는 16세기에 뵈르터 호수의 물고기를 시내로 싣고 가 상업 활동을 하기 위해 팠으나, 지금은 다양한 프로그램의 축제가 열리는 곳이 되었다. 렌트운하가 끝나는 곳에 시내 중심부인 신광장Neuer Platz과 구광장Alter Platz이 있다. 구광장에는 1961년에 오스트리아 전역에서 처음으로 생긴 보행자 전용도로가 있다. 또한 말러의 별장 옆에는 너른 유럽공원Europapark이 있다. 유럽공원은 수많은 예술가들의 조각품이 전시되어 있는 대형 갤러리이다. 유럽공원 끝에는 세계 각국의 유명한 건축물들을 1:25로 축소해 160여 개의 미니어처로 만든 전시장 미니문두스Minimundus가 있다.

클라겐푸르트의 문화행사 중 빼놓을 수 없는 것이 매년 6월 말에서 7월 초에 걸쳐 열리는 잉게보르크 바흐만Ingeborg Bachmann 문학상 행사이다. 이 기간에는 세계의 독문학자들로 이루어진 심사위원들이 유망한 독일어 작가들의 작품을 낭독하고 토론을 거쳐 바흐만 수상자를 결정한다. 그 전 과정이 오스트리아, 스위스, 독일에 생방송 된다. 이 문학상에 대한 일반인들의 관심도를 알 수 있다. 클라겐푸르트는 오스트리아 현대문학 연구의 메카이다. 이 지역 출신 작가로 로베르트 무질Robert Musil, 페터 한트케Peter Handtke뿐 아니라, 카프카 문학상 수상자인 용케Gert Jonke 외에 많은 작가들이 있다. 아름다운 자연과 다양한 문화유산의 결합이 살아있는 문화도시를 만든 것이다.

8. 스트랫퍼드: 셰익스피어

캐나다 온타리오(Ontario)주에 있는 인구 31,000명 규모의 소도시 스트랫퍼드는 전통적으로 농업과 제조업이 지역경제의 주축을 이루고 있었다. 스트랫퍼드란 이름은 셰익스피어의 출생지인 영국 스트랫퍼드의 명칭을 따서 부른 것이다. 1856년에 Grand Trunk 철도회사가 버펄로-휴런호 선을 스트랫퍼드에 연결함으로써 스트랫퍼드는 그 후 약 100년 동안 철도 교통의 중심 도시로 각광받았다. 1923년 Grand Trunk 철도회사는 캐나다의 국영 철도회사 CNR에 넘겨진다. CNR 공작창은 1964년 완전히 문을 닫을 때까지 스트랫퍼드 도시 경제의 주축이었다. CNR은 한때 2,500명의 종업원을 가진 거대 회사였지만 1940년대부터 규모가 축소되기 시작했다. 이에 따른 경제적 파국을 면하기 위해 이 지역 출신인 톰 패터슨Tom Patterson이라는 신문기자가 셰익스피어 축제를 제의하게 된다. 1950년대 초 CNR 공작창이 거의 문을 닫게 되었을 때 패터슨은 지방의 유지들을 만나 그 지방의 지명이 영국 셰익스피어 출생지 스트랫퍼드와 같은 점을 이용하여 셰익스피어 축제를 유치하자고 권유하였다. 일부는 합의하였지만 몇몇 사람들은 인구 약 15,000명밖에 되지 않는 지방 소도시에서 충분한 관객을 동원 할 수 있겠느냐며 비아냥거렸다. 어떤 이들은 차라리 캐나다에서 가장 큰 도시인 토론토에 축제 유치를 제의하자고 주장하였다. 하지만 패터슨의 아이디어가 스트랫퍼드 시의회로부터 지지를 받으면서 패터슨은 영국 연극 감독계의 권위자인 티론 구스리Tyrone Guthrie를 예술 감독으로 영입해 셰익스피어 축제를 개최할 수 있었다. 구스리는 천막으로 된 임시 극장을 제작하고 배우와 연출자들을 동원하여 1953년 2개의 연극을 무대에 올렸다. 두 연극은 총 19,000명의 관객을 동원하면서 처음 개최한 축제 치고 매우 성공적이었다는 평가를 받았다. 이후 스트랫퍼드의 셰익스피어 축제는 4월부터 10월까지 7개월 동안 총 16개의 극이 공연되는 레퍼토리 연극축제로 성장하였다. 스트랫퍼드와 같은 소도시는 뉴욕이나 런던과 달리 셰익스피어의 작품을 소화해 낼 수 있는 배우들을 동원하는데 어려움이 있는 점을 고려하여 초창기부터 레퍼토리 극단으로 시작하였다. 즉 한 배우가 같은 축제기간 중 두 세 가지 연극에 출연할 수 있게 했던 것이다. 이것은 셰익스피어 축제가 성공하게 된 주요한 요인이 되었다. 셰익스피어 작품만을 공연하였던 전통을 아직도 유지하고 있지만, 지금은 셰익스피어 작품 외에 다른 작가들의 작품도 공연되고 있다. 초창기에는 주로 연극이 주를 이루었으나 현재는 클래식, 현대극, 뮤지컬 등은 물론 각종 교육 프로그램, 음악공연, 스토리텔링 등 다양한 행사가 함께 어우러지고 있다.

셰익스피어 축제는 작은 도시에 막대한 경제적 효과를 안겨주었다. 2002년 온타리오주 문화부 장관은 이 축제가 3,300여 개의 일자리를 만들어냈고 온타리오주 전체에 1억 4,500만 달러(약 1,450억 원)의 경제적 효과를 만들어 냈다고 밝혔다. 축제가 열리지 않는 기간에는 고급식당과 요리사, 장비 등을 활용해 요리사 학교(Chef School)를 운영하고 있다. 또한 연극배우와 기획자들은 캐나다 온타리오주는 물론 인접한 미국의 미시간주, 위스콘신주 등의 대학 및 중등초등학교를 방문하여 셰익스피어 작품과 셰익스피어 축제에 관해 홍보하고 있다.

축제의 핵심 주체인 34명의 운영이사로 구성된 SFC(Staftford Festival of Canada)는 재정적인 문제를 외부의 지원에 의존하지 않고 관객을 동원하여 문제를 해결하였다. 정부지원은 전체 예산의 4%에 지나지 않고, 대부분을 관객이 지급하는 입장권과 민간 기업이 지원하는 지원금 등에 의존하고 있다. SFC가 관객동원에 성공한 것은 축제를 홍보하고 마케팅하기 위해 적극적으로 노력했을 뿐만 아니라 그러한 역량을 구축하기 위해 내외부적으로 연계해서 인력양성을 위해 부단히 노력했기 때문이다.

홍보 마케팅을 할 수 있는 역량을 배양하기 위해 자체적인 인력을 활용한 교육프로그램을 추진하는 한편, 주변 대학이 제공하는 교육프로그램을 활용하기도 하였다. 정부는 직접적인 지원은 매우 제한적으로만 제공하고, 도시 기반 시설 등 간접적인 지원을 제공함으로써 SFC의 자율성을 보강해주면서도 외부에서 오는 방문객들에게 편리를 제공하였다. 정부가 직접 관여하여 정부의 의도대로 끌고 가지 않고 자율성을 보장해줌으로써 SFC가 자체적으로 역량을 구축할 수 있게 해주었던 것이다(신동호, 2007:263-280).

7 창조로서의 문화도시

1. 창조도시의 의의

창조적 도시란, 함께 살기 좋고, 일하기 좋은 공동체적 기반 위에 문화적 실험과 혁신이 가미된 공간이라고 정의할 수 있다. 도시인들은 서로 다른 지식 기반 위에서 서로 다른 일에 종사하고 있다. 복잡한 문제가 생길 경우, 다양한 각도에서 풀어나가야 한다. 창조적 도시인들은 전체적인 사고 위에 경제, 사회, 환경, 문화적 내용을 이식하며 문제를 해결한다. 창조적 도시인들은 거주 문제나 인구 과잉, 도시 보존, 도시개발과 같은 문제를 풀기 위해 아이디어를 모은다. 찰스 랜드리는 '창조적이라는 것은 대부분 예술가, 또는 때때로 과학자와 관련되어 있지만 문제를 다루는 방식이 대단히 창조적인 사람은 사회, 경제, 정치 분야에서도 증가하고 있다'고 보았다(Landry, 2005: 15).

오늘날 창조성은 도시의 구성 요소 중 매우 중요한 항목으로 인식되고 있다. 국가 간 경계가 모호해지는 세계화 과정에서 특히 도시 환경은 중요하다. 도시는 강력한 지식기반을 가진 새로운 아이디어를 생산하는 사람들이 만나는 장소로 그 중요성이 더해졌다.

예술의 활력은 창조성과 상상력, 실험과 다양성에 대한 이해에서 나온다. 비즈니스에서도 상상력이 집중된 산업이 우아하고 세련된 생산물을 만든다. 하버드 비즈니스 스쿨은 2004년 비즈니스 순수예술 석사과정The Masters of Fine Arts(MFA) degree이라는 새로운 과정을 신설했다. 도시 계획자와 정책을 만드는 사람들도 예술 작품에 눈을 돌리고 있다. 공동체를 이끄는 새로움과 도시 창조성을 지원하는 문화적 활동의 역할에 대한 관심이 날로 증가하고 있는 것이다. 그러나 이러한 창조적 도시의 일반적인 모습과는 대조적으로 아이디어를 혁신으로 바꾸는 창조성과 이것의 메커니즘과 프로세스, 자원을 육성하는 조건에 대한 정보는 미흡한 것이 사실이다. 이러한 질문이 창조적 도시에 대한 논의의 중심이다(Fradford, 2004b: 1~2).

왜 우리는 창조적 도시의 개발에 대해 관심을 가져야 하는가? 그 이유는 사회가 고도로 지식산업화하면서 도시가 국가적 차원의 경쟁력과 역동성을 키우는 중요한 역할을 하기 때문이다. 인간은 도시에 살면서 그 안에서 성장하고 생활하게 된다. 따라서 인간의 계속적인 자기개발은 곧 사회전체의 발전을 의미한다. 도시가 발전함에 따라 개인적 차원의 삶의 질도 함께 향상하게 된다. 이러한 창조도시 발전의 구체적인 방법은 3C$^{(Creativity, Competitiveness, Cohesion)}$ 개념의 상호작용이라고 말할 수 있다(Gertler, 2004: 1~2).

찰스 랜드리는 이러한 창조환경의 중요한 특성을 다음과 같이 말하고 있다. 첫째, 일정한 수준의 독창적이고 깊이 있는 지식이 집적된 장소, 그리고 서로 커뮤니케이션할 필요와 역량을 가진 사람들이 모이고 그들이 기능할 수 있어야 한다. 둘째, 충분한 재정적 기반을 가지고, 또 엄격한 규제 없이 실험할 수 있는 여지가 적절히 주어진다. 셋째, 그곳에는 의사결정자, 사업가, 예술가, 과학자, 사회비평가 등에게 보이는, 필요와 현실적인 기회 사이에 불균형이 존재한다. 넷째, 그곳에는 문화적, 과학적, 기술적 영역의 장래변화에 관한 불확실성과 복잡성을 처리할 수 있는 역량이 존재한다. 다섯째, 비공식적이고 자발적인 커뮤니케이션이 대내외적으로 활발하게 이루어질 가능성이 있고 다양성과 변화에 부응하는 환경이다. 여섯째, 다면적이고 활발한 시너지효과가 창출되는 환경이고, 특히 그것이 과학과 예술 분야의 발전과 관련되어 있다. 마지막으로, 구조적 불안정성이다. 실제로 가끔 어떤 통제된 상황에서는 그러한 구조적 불안정성이 도입될 필요가 있다(Landry, 2005: 203).

2. 캐나다의 창조도시

1) 밴쿠버: 문화지향적 계획

밴쿠버Vancouver는 북아메리카 대륙 태평양 연안에서 가장 큰 섬이다. 밴쿠버시는 오랫동안 문화를 도시 발전의 중요한 요소로 인식해왔다. 1960년 문화 지향적 계획을 세우고 이것을 도시의 문화적 발전에 핵심적 철학 기반으로 삼았다. 이러한 바탕 위에서 밴쿠버는 좀 더 광범위한 문화정책 계획을 세웠다. 밴쿠버는 이러한 정책과 계획을 1987년부터 도시에 적용했다. 우선적으로 밴쿠버 시민의 문화적 생활을 향상시키고 창조성을 장려하였다. 이를 위해 전문가와 비전문가가 교류하고, 전통과 혁신이 공존하며, 공동체적 예술 활동을 장려했다. 성별, 인종을 불문하고 모든 밴쿠버 주민과 방문자들에게 문화적 활동에 참가하고 즐길 기회를 제공했다. 이러한 정부의 재정적 지원과 활동은 공동체의 성장을 위해 때로 제한되기도 한다. 예컨대, 예술 활동 때문에 부동산 가격의 상승과 생활비의 상승을 불러올 경우, 오히려 일반인들의 관심을 멀어지게 할 수도 있기 때문에 정부에 의해 규제되기도 한다.

2) 토론토: 다민족 도시

중국, 영국, 프랑스 등 다양한 나라 사람들이 자연스럽게 어울리며 살아가는 '피플 시티' 토론토Toronto는 온타리오 호수 북쪽 연안에 있는 캐나다 제1의 도시이다. 토론토는 오대호 수운을 이용하여 석탄을 비롯한 코크스, 석유, 밀, 잡화를 집산하면서 일찍부터 발전해 왔다.

토론토 시의회는 도시문화 발전의 방향을 잡는 문화계획에 2가지 중요 목표를 정하였다. 하나는 토론토를 국제적 문화 중심지로 격상시키는 것이고, 둘째로 문화가 도시의 경제, 사회 발전의 중심 역할을 하게 하는 것이다. 2002년 11월 의회는 '예술, 문화, 전통'을 향후 30년 동안 토론토의 공식 아젠다로 채택하였다. 2003년 창조도시의 일반적인 모습을 그린 '창조도시를 위한 문화계획'이 승인되었다. 도시의 문화적 다양성 확보를 위해 예술과 문화와 전통에 초점을 맞춘 이 계획은 토론토 문화 르네상스를 포함한 7개 주요 프로젝트를 중심으로 연방과 지방정부, 개인 기부금 등 223만 달러의 예산을 책정했다. 도시의 문화생태계에서 비상업적 예술과 상업적 예술을 연결하는 데 계획의 초점이 맞춰져 상호 보완, 발전할 수 있도록 했다.

3) 오타와: 전통의 계승과 발전

캐나다의 또 다른 도시인 오타와^{Ottawa}는 오랜 문화적 배경을 가지고 있다. 인디언 말로 '사고 판다'라는 말을 의미하는 오타와는 1858년 영국 빅토리아 여왕에 의해 수도로 지정되었으며, 영국연방정부로 있다가 1867년 영국으로부터 자치권을 획득했다. 오타와의 창조도시 계획은 '오타와 20/20'이라는 계획을 통해서 시작되었다. 공식적인 계획인 '오타와 20/20'은 '사회적, 환경적, 문화적, 경제적인 요소들의 균형 속에서 지속가능한 발전'이라는 목표에 기반을 둔다. 예술과 전통이 미래 발전의 핵심이자 오타와의 새로운 도시발전 계획의 중심이 된 것이다. 20/20 계획의 원칙이 '창조도시, 풍부한 전통과 독특한 정체성'이다. 20년에 걸쳐 계획된 오타와 20/20 계획은 아래와 같은 5가지 주제를 품고 있다.

- 지역 예술에 일반인들의 접근을 확대한다.

- 오타와의 예술가와 다른 지역 예술가의 교류를 확대한다.

- 창조적인 능력을 배양한다.

- 예술을 통해 공공장소와 자연공간을 재활성화한다.

- 지역문화 부분의 경제적 가능성을 현실화한다.

4) 할리팩스와 브리즈번: 다양한 네트워크의 성장

할리팩스Halifax는 앞서 거론한 도시들보다 상대적으로 더 유기적인 모습을 보인다. 할리팩스의 역동성은 많은 작은 움직임과 다양한 네트워크가 성장하면서 발생했다. 할리팩스에서 이러한 네트워크는 다양한 방법으로 지원되고 발전된다. 정기적인 만남이 활발하게 이루어지며 이를 통해 네트워크는 자연히 공통의 관심과 대상을 발견한다. 그러한 과정을 통해 주목받은 곳이 비주얼 아트 공동체다. 이 공동체는 디지털 맵으로 할리팩스 예술 맵을 만들었다. 비즈니스 공동체는 전통과 문화활동으로 도시의 중심지를 활성화하고 창조적으로 만드는 중요한 역할을 했다.

2003년 브리즈번Brisbane의 문화정책 부서와 경제발전 부서는

5개년 창조도시 전략과 6가지 원칙을 시행했다. 역사를 품에 안고, 문화적 도시를 만들고, 접근과 평등을 확실히 하고, 혁신을 장려하고, 문화에 투자하고, 리더십을 제공하겠다는 것이었다. 창조도시 전략을 통해 다양한 사람들의 시와 음악 프로젝트가 난민이나 지역 예술가와 협력해 웹사이트나 CD를 만들어 내기도 했다. 브리즈번 아우터 프린즈 페스티벌Brisbane Outer Fringe Festival, 도시의 문화관광 맵도 창조도시 전략을 통해 만들어졌다.

5) 퀘벡: 작은 파리

작은 파리라고도 불리는 퀘벡은 캐나다 동부 퀘벡 주의 중심지로 세인트 로렌스강 하구 북쪽 기슭에 발달한 항구도시이다. 인디언 언어로 '갑자기 좁아진 해협'이란 뜻에서 유래된 퀘벡은 캐나다에서 가장 오래된 도시다. 프랑스계 주민이 많아서 전체 인구 중 95%가 프랑스어를 사용하는 등 프랑스의 전통이 매우 강한 지역이다. 그래서인지 캐나다로부터의 분리 독립에 관한 투표를 시행하기도 하였다.

퀘벡시도 한때는 침체된 도시였다. 퀘벡이 창조적 도시로 변한 것은 세인트 로크St. Roch 지역 활동에서 비롯되었다. 1980년대 가브리엘 루와 도서관Bibiliotheque Gabrielle Roy과 도시공원을 만들었고, 지자체 의회는 예술가의 창조클러스터와 애니메이션 및 멀티미디어 엔터테인먼트 산업에 관한 법을 정비했다. 활성화된 세인트 로크 구역은 주지사 회의에서 '좋은 도시' 방문지로 선정되었고, 창조와 협력의 사례로 널리 알려지게 되었다.

6) 사스카툰: 경제적·사회적·문화적 혁신

캐나다 중남부에 자리잡은 사스카툰^{Saskatoon}은 창조성 실현을 위해 경제적·사회적·문화적 도시라는 모토로 혁신을 추진했다. 수요를 창출하기 위해 특정 지역의 지식과 자산을 활용했으며, 지역과 노동시장에서 소외된 시민에게 관용을 베푸는 정책을 시행했다. 사스카툰의 비즈니스협회^{SREDA}는 지역 원주민 노동력과 고용자 사이의 문화적 차이를 줄이기 위해 원주민 조직과 연합해 성과를 낼 수 있었다.

3. 미국의 창조도시

미국에서도 창조도시 만들기 붐이 일어나고 있다. 창조도시는 창조적인 사고를 가진 사람들이 모일 때 만들어진다. 당연히 창조적인 사고를 하는 사람들이 살고 싶어 하는 도시가 창조도시의 중심지가 된다.

1) 노스캐롤라이나주: 세계적 IT단지 육성

노스캐롤라이나는 1960년 이후 전통산업을 대체할 세계적 IT 단지를 육성하였다. 이후 지자체 지원과 산학협동, 지역혁신 모범 사례를 만들고, 쾌적한 녹지와 환경, 문화공간으로 각광을 받기 시작했다. 노스캐롤라이나의 IT 중심지는 미국 동부의 실리콘밸리라고 불리는 리서치 트라이앵글 파크Research Triangle Park이다. 이곳은 미국 노스캐롤라이나주의 3개 시(더럼Durham, 롤리Raleigh 및 채플힐Chapel Hill)의 중심지에 위치하고 있으며, 이 세 개의 도시를 꼭짓점으로 연결한 삼각형 지역 가운데에 RTP가 있다고 해서 트라이 앵글이라고 한다.

이곳은 처음에 농업을 중심으로 한 산업구조를 변혁하고 젊은이의 지역 정착을 목적으로 계획되었다. 이 계획을 토대로 주정부가 중심이 되어 주립대학, 노스캐롤라이나대학, 듀크대학 등 3개 대학을 설립하고, 현지 경제계 등의 협력을 얻어 RT(Research Triangle)재단을 1958년에 설립하였다. 현재 이곳에는 130여 개의 연구기관 및 벤처기업 등이 입지하고 있으며 4,000명 이상이 고용되어 있다. 지자체와 기업 그리고 지역 대학이 협력해 지역혁신에 성공한 대표적 사례로 각국의 벤치마킹의 대상이 되고 있다.

2) 피츠버그: 공해 탈출과 도시 재개발

미국 워싱턴DC에 인접한 펜실베이니아주 남서부의 피츠버그 Pittsburgh시는 강철왕으로 알려진 앤드류 카네기가 살았던 곳이다. 1758년 세워진 피츠버그시는 남북전쟁 당시 전략적 요충지였고 19세기 이후 철강, 알루미늄, 유리산업 중심의 세계적 공업도시였으나 50년대 이후 쇠퇴의 길을 걸으면서 중공업에서 발생된 공해가 누적되어 공해도시란 오명을 얻었다. 그러나 지역 상공인들이 중심이 된 한 민간단체와 파트너십을 구축해 공해 탈출과 도시 재개발에 성공했다. 비로소 피츠버그는 공해도시란 이미지에서 벗어나 세계적인 도시 브랜드를 만들었다.

이러한 도시재생을 대표하는 것이 피츠버그 문화 트러스트 Pittsburgh Cultural Trust이다. PCT는 세계적 식품회사인 하인즈그룹의 잭 하인즈가 낡은 극장가를 품격 있는 예술타운으로 만들자고 제안해서 1984년 비영리조직으로 만들어졌다. 지역경제 발전과 문화 진흥을 목표로 87년까지 4,300만 달러가 투입된 '문화특구 개발 플랜' 결과 하인즈 홀과 컨벤션센터밖에 없었던 중심가가 14개의 문화시설과 공원, 광장 그리고 상가가 들어선 문화특구로 변신했다.

PCT는 1960년대부터 피츠버그의 공해도시 탈출을 위해 '제

1, 2차 르네상스' 캠페인을 하면서 수질 대기오염 극복, 공공녹지 및 도시경관 조성을 추진했다. 그 결과 오염됐던 도심의 앨러게니 강은 송어와 배스 등 50여 종의 물고기가 사는 맑은 강으로 변했다.

이러한 피츠버그에 학술적인 연구와 인재를 공급해주는 곳은 피츠버그대학과 카네기 멜런대학CMU이다. 카네기가 설립한 카네기 멜런대학은 컴퓨터공학 부문에서 MIT보다도 더 유명하다. 카네기 멜런대학은 공학과 사회과학의 접목 등 학제적 연구가 강하고 기업과의 협력도 좋아 미국기업이 가장 선호하는 대학이기도 하다.

3) 리치몬드: 대학·기업·연구소의 유기적 연계

버지니아의 리치몬드시는 과거 남북전쟁의 중심지로 미국에서도 보수성이 강한 도시이다. 예전에는 기업을 도시에서 내쫓기도 하는 등 부정적인 이미지를 가지고 있었다. 리치몬드는 미국 수도 워싱턴 DC에서 남쪽으로 자동차로 2시간 거리에 있다. 과거에 필립모리스의 담배이름 '버지니아 슬림'으로 유명했던 도시는 최근 바이오산업의 주도적인 도시로 부각되고 있다.

리치몬드시에는 버지니아의 주립대학인 버지니아 커먼웰스

대학VCU이 있다. 대학건물이 도시 곳곳에 흩어져 있는 이 대학에는 대학, 기업, 연구소가 유기적으로 연계되어 움직이는 세계적 바이오센터 버바이오파크VABIO PARK(버지니아 바이오테크 리서치파크의 약칭)가 있다. 버바이오파크는 리치몬드의 변화의 중심이다. 주정부가 500만 달러를 투자하고 버지니아 커먼웰스대학과 리치몬드시가 건물과 땅을 제공해 조성했다. 그곳에 바이오텍 건물이 들어섰다. 1995년 12월 11개 회사로 시작해서 55개의 바이오과학 기업과 비영리 연구기관들이 입주했다. 또한 2천 명의 과학자와 엔지니어 연구원들이 바이오과학 인큐베이터와 기업화 프로그램을 진행하고 있다. 이러한 성공의 비결은 VCU를 중심으로 한 좋은 대학과 기업 간의 완벽한 협조 체계에 있다. 대학은 좋은 인력과 연구물을 기업에 제공하고 기업은 이윤을 다시 대학에 투자하는 선순환구조가 잘 작동하고 있는 것이다. 거기에 바이오테크와 밀접한 관련이 있는 워싱턴과 식품의약국FDA과 국립보건원NIH도 가까운 거리에 있다.

4) 시애틀과 포틀랜드: 고급문화와 디자인의 도시
미국 북서부의 시애틀과 포틀랜드는 선선한 기후와 독립적인 문화, 시민들의 높은 지적 수준으로 다른 도시와는 다른 색다른 느낌을 주는 도시이다. 오레곤주의 수도인 포틀랜드는 적정인구와 잘 계획된 사회기반 시설, 명문 주립대학들로 이루어진 교육기관 등으로 도시의 힘을 드러내고 있다. 포틀랜드의 유명한 명소로는 건축가 에드워드 폴크스Edward T. Foulkes가 설계한 피탁맨션Pittock Mansion이 있다. 이 건물은 1914년 오레곤주의 신문인『오레고니아Oregonia』의 발행인이었던 피탁Henry L. Pittock의 집으로, 미국에 남아 있는 20세기 초기의 유명 저택 중 하나이다. 이러한 전통적인 저택 외에도 포스트 모던한 건물들이 포틀랜드에 위치해 있다. 1980년 포틀랜드시는 새로운 시청건물에 대한 현상공모에서 포스트모던Post-modern 건축으로 유명한 마이클 그레이브스Michael Graves의 설계안을 선택하였다. 이것이 포틀랜드 빌딩Portland Building이다. 이 건물은 당선 직후에는 혹평을 받았지만 모던 건축 일변도로 획일적이던 미국의 관공서 건물 디자인에 획기적인 변화를 가져온 계기가 되었다. 오래된 건물과 현대적 건물의 조화, 그리고 좋은 환경과 교육시설이 포틀랜드를 살기 좋은 창조도시로 만들고 있다.

4. 동아시아의 창조도시

1) 다산즈: 공장지대에서 예술특구로

베이징의 '798 예술구' 혹은 '다산즈大山子 예술특구'는 원래 '718 연합창'으로 불리던 여러 개의 국영공장이 모여 있던 공장지대였다. 공장지대는 중국정부가 개혁, 개방 정책을 펴면서 쇠락했다. 쇠락한 다산즈 주변에는 중국 명문 '중앙미술학원'과 화가들의 집단거주지였던 '화지다'가 있다. 2002년 폐허가 된 공장에 로버트 버넬이 예술 잡지 중심의 서점을 개설하면서 예술지역으로 변신하기 시작했다. 젊은 예술가들은 건물을 싼값에 임대할 수 있었고 넓은 작업공간을 확보할 수 있었다. 이를 바탕으로 갤러리와 작업실, 예술출판사, 디자인회사, 광고회사 등이 들어서기 시작했고 결국 베이징은 2006년 1월 예술특구 지원을 시작했다.

다산즈 예술특구는 2003년 '제1회 다산즈 페스티벌'을 계기로 유명해지기 시작했다. 전 세계 유명 갤러리 및 예술 관계자들이 모이는 관광지로 개발되었다. 현재 세계 각국의 갤러리 100여 개와 작업실 200여 개가 모여 있으며, 우리나라를 비롯한 여러 나라가 자국에 대형 갤러리를 운영하면서 다산즈에 갤러리를 만들었다. 이러한 다산즈 효과는 급성장한 중국예술시장의 모습을 보여준다. 다산즈에는 현재 미술, 출판, 건축설계, 의상, 디자인, 가구디자인 등 6개 분야의 문화기구 229개가 있고 작업실,

술집, 카페, 음식점, 서점, 요가센터 등 각종 편의 및 위락시설이 함께 있다. 다산즈 문화구역의 사례는 시정부가 예술가에게 공간을 제공해 줌으로써 예술·문화산업이 발전하고, 사람들이 예술을 쉽게 접할 수 있는 기회를 제공해서 해외관광객을 불러들이는 관광명소가 된 경우이다(세계도시동향, vol.182).

2) 도쿄: 10년 계획에 의한 문화부흥

도쿄의 경우, 창조문화기반이 뉴욕이나 런던 등 선진도시보다 크게 낮다. 이러한 것은 도쿄 주민의 문화 인식에서도 나타난다. 설문조사 결과 도쿄 주민이 도쿄를 문화도시로 생각하는 비율은 30% 미만, 경관이 아름답지 않다는 응답이 57%로 나타났다. 도쿄시는 도시환경개선을 위해 '10년 후의 도쿄, 창조적인 문화를 낳는 도시' 계획을 수립하여 아름다운 경관으로 도시의 가치를 높일 수 있는 6개의 활성화 방안을 마련했다. 도시경관 시책, 도쿄의 매력적인 잠재력 살리기, 창조산업을 통한 도쿄의 가치 제고, 대규모 문화행사의 거점 형성, 1,000만 명 관광객 유치, 창조기반 도시형 산업 중점 육성이 그것이다.

국제문화교류 활성화를 위해서 「도쿄 원더Tokyo Wonder」 계획을 수립하여 3가지의 도쿄 월드를 실천했다. 첫째, 젊은 예술가를 발굴하고 국제적인 예술가들이 교류할 수 있도록 홍고, 시부야, 아오야마 등에 예술인이 체류하는 국제 플랫폼 도쿄 원더월드Tokyo Wonder World를 조성했다. 둘째, 재능 있는 현대 예술가를 발굴하기 위해 매년 100명의 예술가를 선정해서 현대미술관MOT과 도쿄도청사에 그들의 작품을 전시하는 도쿄 원더월Tokyo Wonder Wall을 진행했다. 셋째, 젊은 예술가와 미술 애호가가 만나 작가의 작품을 판매하는 도쿄 원더시드Tokyo Wonder Seed를 만들었다. 또한 록본기 힐스의 모리미술관, 국립신미술관, 산토리미술관을 연결하는 아트트라이앵글을 구축했다.

도쿄는 일본 수도이자 정치, 경제, 산업, 문화의 중심지다. 특히 런던과 뉴욕에 이은 세계적인 금융 중심지이기도 하다. '현대와 전통이 조화를 이루는 도시'라고 말할 수 있는 도쿄는 높은 현대식 빌딩 사이로 도심 숲과 강변 산책로가 함께 공존한다. 큰길에서 조금만 골목으로 들어가면 오래된 옛 건물이나 문화공간들을 발견할 수 있다. 도쿄는 초현대적인 것과 전통적인 것이 한 도시에서 분화되어 있는 듯 공존하여 두 가지 문화 체험이 가능한 도시환경을 구축하고 있다(매일경제, 2008).

8 재생 관점에서 본 문화도시

21세기 들어 세계의 주요 도시들은 창조적이고 혁신적인 문화시설 건립을 통해 도시재생은 물론이려니와 문화적, 산업적 명성까지 얻고 있다. 도시재생이란 마구잡이 철거 후 새로운 도시를 건설하는 재개발redevelopment을 의미하는 게 아니다. 이 개념은 기존 도시의 구조를 해치지 않으면서 창조적으로 도시기능을 재활성화하는 데 목적을 두고 있다. 대부분의 중앙정부는 지자체와 협조하여 문화정책 일환으로 도시재생을 하고 있으며, 이를 통해 시민들의 요구와 편의에 입각한 문화시설 건립 및 환경 재창조를 이루어내고 있다.

1. 도시 쇠퇴의 3가지 유형

도시의 쇠퇴는 3가지 유형으로 요약될 수 있다(오동훈, 권구황. 2007). 첫째, 혐오시설로 인한 쇠퇴로 프랑스의 라빌레트^{Parc de La Villette}를 예로 들 수 있다. 프랑스 라빌레트 공원은 파리 동북쪽 19구와 파리 교외 도시인 센생드니시 사이에 있다. 예전에 도축장으로 사용되다가 프랑스에서 두 번째로 큰 녹색공원, 과학·산업박물관과 음악관이 포함된 복합도시공원으로 개발되었다. 라빌레트의 개발은 파리 동북부 지역에 프랑스 시민들에게 휴식과 문화와 생활을 연계하는 공간이 되었고, 또 문화와 과학을 함께 시민들에게 제공하여 자긍심과 체험의 기회를 늘렸다.

둘째는 용도의 상실로 인한 쇠퇴로, 런던의 테이트 모던 갤러리를 들 수 있다. 영국 런던의 테이트 모던 갤러리^{Tate Modern Gallery}는 1950년대에 지어진 뱅크사이드 화력발전소가 석유 가격 상승과 새로운 열효율 발전소의 건립으로 1981년 운영이 중단되자 그곳에 만든 갤러리이다. 테이트 모던 갤러리 재생의 특징은 뱅크사이드 발전소의 원형을 유지하면서 내부만 고쳐 공사비용을 최소화했다는 데 있다. 옛 건물의 모습을 유지하면서 발전소라는 공간적 하드웨어에 미술이라는 소프트웨어를 합친 차별성을 지니고 있다. 이곳은 과거의 전통을 유지하면서 현대의 창조적 계승이란 의미의 문화 랜드마크가 되었다.

셋째는 이촌향도를 통한 구도심의 쇠퇴에 따른 도시재생을 들수 있다. 프랑스 파리의 퐁피두센터가 대표적이다. 국립 조르주 퐁피두 예술문화센터The Centre national d'art dt de culture Georges Pompidou Center는 당시 조르주 퐁피두 대통령이 도시 중심의 낙후된 장소에 시각예술 전시와 극장, 음악, 영화, 문학을 위한 공간을 만든데서 비롯되었다. 에펠탑, 라빌레트 공원과 함께 파리의 명물이되었고, 30년 동안 1억 9천만 명 이상이 이곳을 방문하였다.

퐁피두센터가 있는 보부르Beauborug 가는 18세기 프랑스 경제의 중심지였으나 19세기 초 농촌 인구 유입 증가로 우범지대가 되었다. 이러한 곳을 조르주 퐁피두 대통령이 1977년 퐁피두센터를 건립해 문화예술의 중심지로 만들었다. 퐁피두센터는 독특한 외관뿐만 아니라 지하 1층에서 지상 6층까지 전시장, 도서관 등 다양한 문화콘텐츠를 이용할 수 있는 복합문화공간으로 자리 잡았다.

2. 도시재생 과정

노후화된 도시는 건축물 및 기반시설들이 낡아 지역경제 침체와슬럼화를 일으킨다. 이런 문제를 해결하기 위해서는 환경재생,

경제재생, 생활재생 측면에서 도시재생에 접근해야 한다. 환경재생에서는 토지와 건축물에 대한 정비를 하고, 경제재생은 신사업으로 일자리를 창출하며, 생활재생은 문화, 복지, 교육 환경 등을 재정비하여 주민 참여를 활성화해야 한다. 이러한 일련의 활동은 기반 시설과 주거, 환경, 문화, 상업 등 도시기능을 회복시켜 준다.

도시재생 사례로 일본의 히타치시를 들 수 있다. 이곳은 한때 철광 산지로 유명했으나 철광산업의 쇠퇴로 침체에 빠졌다. 이를 탈피하기 위해 히타치시는 음악을 소재로 역 주위를 재개발하여 지금은 음악 도시로 각광받게 되었다. 또한 영국의 뉴캐슬 발틱 미술센터는 1950년대 원래 밀가루 공장이었으나 이를 전시 공간으로 개조하여 세이지 뮤직센터와 함께 음악과 미술의 메카로 자리 잡게 되었다. 매년 100만 명 이상의 관광객을 수용하고 있다.

도시재생은 도시다움과 인간의 개성을 함께 실현할 수 있는지 여부가 중요하다. 도시재생에 있어 중요한 지표가 되는 것이 가로경관이다. 가로경관은 가로와 가로변의 건물, 가로조성물, 부대시설물의 상호관계성을 나타내는 경관으로서 도시 이미지의 주된 요소이다. 가로공간이 잘 이루어진 공공장소에는 사람들의 활동이 집중된다. 활동 중심지로서 서로 다른 공간이 교차

하는 곳에 광장이 조성되고 이를 중심으로 쉼터와 공원 등이 조성된다. 대표적인 예가 이탈리아 로마의 광장이다. 이탈리아인은 광장에서 갖가지 형태의 생활을 영위하고 있는데, 이러한 광장문화 형성 배경은 건조한 기후와 개방적인 국민성 및 높은 옥외 공간의 적절한 활용 때문이라고 할 수 있다. 로마는 집 반, 광장 반이라고 할 정도로 도로와 광장의 형태가 다양하고 면적상으로도 건물과 대등한 비중을 차지하고 있다. 나보나Navona 광장, 피오리Fiori 광장, 스페인 광장(계단), 캄피돌리오Campidoglio 광장, 산타마리아 광장 등 기념비적인 대 광장에서 이름도 없는 뒷골목의 소 광장에 이르기까지 로마는 그야말로 광장 천국이다. 광장은 시민들의 평일과 주말의 공간 활용 계획에 기여하고 해외 관광객의 다양한 욕구 또한 만족시키고 있다. 행사와 축제의 중심이 되는 광장을 보행자 가로와 자연스럽게 연결하는 것이 도시가로경관 설계의 핵심이다.

3. 문화콘텐츠산업과 도시재생

1) 셰필드: 문화산업지구제

세계 철강산업의 중심지였던 영국의 셰필드는 쇠퇴하는 철강산업을 대체하기 위해 문화산업을 육성했다. 더불어 슬럼화가 진행되는 도심을 재활성화하고자 문화, 미디어 산업 집적에 기초한 '문화산업지구제CIQ^(Cultural Industries Quarter)'를 세계 최초로 추진하였다. 이 제도는 쇠퇴한 산업공간을 문화공간으로 만들어 시민에게 개방하고 문화 예술 활동의 교류와 협력을 통해 창조적 환경을 조성함으로써 문화산업을 육성하려는 전략이다. 1978년 리드밀^{Leadmill} 아트센터, 1982년 요크셔 예술협회, 1986년 레드테이프 스튜디오가 이 지역에 들어서면서 문화산업지구제의 기초를 닦았다. 이후 1988년 시의회가 주도적으로 문화산업지구제를 본격적으로 도입하여 셰필드역 주변 30만㎡ 정도를 문화산업지구로 지정하였다.

셰필드역 중심으로 오른쪽에는 국립대중음악센터, 왼쪽에는 쇼룸극장과 문화기업제작센터, 시내 중심가에는 셰필드 할람대학^{Sheffield Hallam University}과 사이트갤러리, 셰필드 독립영화사, 대중음악센터 등이 들어섰다. 셰필드 문화산업지구는 전통 제조업이 쇠퇴하고 그 위에 지식기반의 문화 경제가 출현해 효율적인 성장을 이뤄낸 지역개발전략으로서 의미하는 바가 크다.

2) 게이츠헤드: 폐광촌에서 예술도시로

인구 20만의 영국 도시 게이츠헤드는 산업혁명을 상징하는 거대한 조각상을 세워 문화도시로 탈바꿈했다. 탄광촌이었던 게이츠헤드는 19세기 말 공장 이전과 1930년대 대공황 등을 겪으며 지역경제가 무너졌다. 타인강 건너편에서 이 지역의 재정 수입을 통제하며 번영을 누려온 뉴캐슬Newcastle과는 대조적이었다. 하지만 1990년대부터 상황이 달라졌다. 아름다운 다리와 수준급 미술관, 최고급 콘서트홀이 게이츠헤드에 들어섰다. 이 모든 변화는 '천사'라고 불리는 거대한 조각상으로부터 비롯된 것이었다. 게이츠헤드의 타인 강변에는 형형색색 조명으로 꾸며진 밀레니엄 브리지가 있다. 차가 통행하지 않는 이 다리는 배가 지나갈 때면 다리 상판이 90도로 올라간다. 그 옆으로 옛 제분소를 개조해 만든 볼틱 현대미술관, 애벌레를 연상시키는 독특한 외관의 세이지 뮤직센터가 있다.

게이츠헤드의 변화를 주도한 곳은 시의회였다. 이들은 공장, 광산 등이 남긴 황폐한 환경 위에서 꽃과 빛의 향연을 펼쳐보자는 역발상을 했다. 고민 끝에 '국제 가든 페스티벌(1990년)'과 '시각 예술의 해(1996년)' 행사가 진행되었고 기대 이상의 성공을 거두었다. 시당국은 1998년 도시의 아이콘을 만든다는 목표 아래 조각가 안토니 곰리Antony Gormley에게 의뢰해 '북쪽 나라 천사'라는 조각상을 세웠다. 점보제트기 크기에 맞먹는 이 초대형 조각상은 영국 최고의 공공미술품이란 평가를 이끌어내며 관심을 집중시켰다. 이에 고무된 중앙정부는 복권기금 등을 이 지역에 투입했다. 이 지원금으로 2002년 5월과 6월에 밀레니엄 브리지와 볼틱 현대미술관이 들어섰던 것이다. '집단 누드' 사진으로 유명한 미국의 사진작가 스펜서 튜닉Spencer Tunick이 2005년 게이츠헤드를 방문, 밀레니엄 브리지, 세이지 센터 등에서 누드 작품을 촬영해 게이츠헤드를 전 세계에 알리기도 했다.

3) 리버풀: 풍부한 문화자산의 산업화
비틀즈의 고향으로도 유명한 리버풀은 수많은 건축과 문화유산 등을 보유하고 있는 인구 46만 명의 항만도시이다. 도서관, 박물관, 미술관이 많고, 리버풀 교향악단 등 각종 문화자원이 풍부하다. 하지만 리버풀은 수많은 문화자산을 보유하고 있음에도 불구하고 뚜렷한 문화마케팅 전략이 없었다. 1980년대 후반 공공 부문과 민간기업의 협력이 시도되면서 문화산업이 도시재건에 발휘하는 잠재력을 인식하기 시작했다. 리버풀의 주요한 문화정책 및 특징은 다음과 같다.
첫째, 문화 인재의 외부 유출을 막기 위해 영화, 비디오, 방송 분야에 많은 예산을 지원했다. 둘째, 문화 페스티벌을 개최해

도시에 활기를 불어넣고 도시 마케팅과 문화관광산업을 위해 여러 가지 페스티벌을 개최했다. 셋째, 듀크 거리^{Duke Street}를 개발해 주택가, 상가, 레스토랑, 예술거리, 문화시설 등이 들어설 문화거리를 건설하였다. 그로 인해 투자를 유치하고 일자리 2,500여 개 창출 효과를 냈다. 넷째, 앨버트 항구^{Albert Dock}를 재건해 선창가를 영국의 3대 관광지 중 하나로 만들었다. 리버풀의 사례는 문화자원을 보유하고 있는 것만으로는 문화도시가 될 수 없으며, 문화자원을 최대한 활용하여 산업으로 연계시켜야 한다는 점을 보여주는 중요한 사례라 할 수 있다.

4. 대도시의 도심재생 사례

1) 요코하마: 중앙정부·지방행정·지역주민의 긴밀한 협조

일본의 요코하마는 지방 행정이 주민의 의견을 반영하여 운영되는 모범적인 곳이다. 일본은 1999년 지방분권일괄법을 통해 도시계획 프로세스를 변화시켰다. 광역자치단과의 수평적 협의, 기초자치단체 도시계획심의회의 법정화을 구체화시켰고, 그것이 2000년 도시계획법 제정으로 나타났다. 종래 중앙집권 방식의 도시계획은 도시계획을 담당하는 기초단체인 시정촌이 주역이 되도록 하는 것으로 정비되었다.

중고층 맨션 문제를 해결하기 위해 요코하마는 '마을 규칙 만들기 상담센터'를 개설하고, 맨션^(아파트)을 건설하기 전에 주민들의 의견을 조율할 규칙을 만들어 지구계획에서 분쟁이 발생할 여지를 없앴다. 또한 맨션 건립에 반대하는 주민들에게 도시계획 전문가를 파견해서 설득함으로써 지역문제를 해결하고자 하였다.

일본 요코하마의 '미나토미라이 21' 프로젝트는 이벤트형 도시재생 작업으로 1989년 개최된 요코하마 박람회를 계기로 박람회장 및 박람회 시설물을 활용해 미래형 도시지구를 만들겠다는 계획이다. 이 계획은 낙후된 요코하마항과 주변지구를 재활성화하고자 하는 계획도 포함하고 있었다. '미나토미라이21' 프로젝트의 핵심은 한국과 중국에 밀려 경쟁력이 떨어진 조선소와 기타 관련 시설을 다른 곳으로 옮기고, 그 부지를 공원녹지로 조성하여 업무와 쇼핑, 음악과 미술, 엔터테인먼트가 공존하는 미래형 도시를 만드는 것이었다. 주요 시설로는 요코하마 미술관, 요코하마 미나토미라이 콘서트홀, 니혼마루^(일본 초기의 범선)를 활용한 기념공원, 석조 독^{Dock}을 개량한 독야드 가든, 요코하마 아이^(회전 대관람차) 등으로 구성돼 있다. 개발기간은 1991년부터 1994년까지 4년간 진행됐으며, 일본정부와 요코하마,

민간기업, 제3섹터인 '퍼시피코 요코하마^{Pacifico Yokohama Corp'}가 공동 참여하였다. 일본정부와 요코하마는 매립 및 항만 정비 등 기반시설의 조성과 미술관 등 공공시설의 건립을 담당했고, 민간기업은 업무시설, 상업시설, 문화시설 등을 담당해서 개발의 신축성과 공공성 확보 등의 균형이 가능하도록 했다. 대도시들이 쇠퇴할 때 도심재개발에서 수변 공간의 활용도가 높아진다. 요코하마의 경우도 수변 공간 창출이 도시경쟁력 확보에 중요한 자원임을 보여주고 있다.

미래 도시 비전을 만드는 데 문화를 이용한 것은 문화를 통해 요코하마의 독특한 성격을 높이는 것이 가능하기 때문이다. 시민과 기업이 자발적으로 도시의 문화예술을 지원할 때 도시 활동은 훨씬 활발해진다. 문화에 의한 도시 활성화를 통해 문화적 환경이 형성되고, 방문객이 증가하며, 교류가 일어나 관련 산업이 집적되는 등 새로운 산업의 전개가 연쇄적으로 일어나게 된다. 활성화를 위해서는 예술가의 활동공간을 확대하고, 엔터테인먼트 시설 및 관련 산업을 유치하면서 기존 문화예술자원도 활용해야 한다. 요코하마시의 문화예술을 통한 도시재생은 시민생활에 공헌할 뿐만 아니라 관광과 새로운 산업 등 도시의 활성화를 도모하였다(너울, vol.161).

2) 파리: 주변 낙후지역 재정비

2000년 12월, 파리는 정부 및 일드프랑스$^{Ile\ de\ France}$와 함께 '2000/2006 도시협정'을 체결하였다. 이 협정은 파리 경계에 있는 낙후지역을 대상으로 사회, 경제, 문화, 생태적 차원에서 상호관계를 재구성해 공공 공간과 시민생활의 질적 향상에 관한 것이었다. 파리는 순환형 자동차 전용도로를 경계로 해 도시 내부와 외곽지역으로 분리돼 있어 거리상으로 근접하더라도 두 지역은 서로 다른 양상을 띠고 있다. 특히 경계가 되는 지대에 산업시설물이나 사회집합 주거단지가 조성돼 있어 도시환경이 매우 열악하다. 이에 파리는 우선적으로 11개 지역을 선정해 대규모 도시재생 계획GPRU$^{(Le\ Grand\ Projet\ de\ Renouvellement\ Urbain\ de\ la\ Couronne\ Parisienne)}$을 시행했다. 우선 도시를 잇는 역들이 밀집된 북부지역, 동부지역과 공장단지가 있는 일부 남부지역을 선정했다. 그런 다음 건축 유산의 보존 및 활용, 사회집합 주거단지의 재생, 거대 점유지의 도시적 투과성 향상, 점진적 발전의 재정비, 대형 스포츠레저시설 활성화, 상업 및 경제활동 활성화, 공해 제한, 녹지 확충, 유휴 철도 산책로화, 수변 공간의 연계 등을 실시하였다.

파리의 도시재생 계획은 지속적으로 발전해온 파리 중심부보다 상대적으로 소외되었던 주변부의 열악한 지역에 초점을 맞추었다. 이 계획은 당시 미테랑 대통령의 지시로 파리도시설계연구원에서 계획하였다. 제2차 세계대전 이후 30년간 도시 팽창기를 지나온 파리를 정부 주도의 문화시설 확충과 파리 주도의 탈산업화지역으로 재정비하겠다는 게 주된 내용이다. 이 계획은 궁극적으로 자동차 전용도로에 의해 분절된 파리경계지역의 재구성을 목적으로 하였다(세계도시동향, vol.155).

미테랑 그랑드 프로젝트^{Mitterand Grand Projects}의 주요 성과는 다음과 같다.

1. 해협 터널^(The Chunnel): 영국과 프랑스 사이 해협^{Channel} 밑바닥에 만든 터널^{Tunnel}을 합성한 단어로 'Chunnel'이라고 부르고, 다른 이름으로는 유로터널^{Euro Tunnel}이라고도 부른다. 이 터널을 통해 유로스타가 지나간다.

2. 루브르 박물관의 유리 피라미드^{the pyramid at the Louvre(1988)}: 루브르 박물관의 대표적 프로젝트로 무명 건축가였던 도미니크 페로는 이 국제현상공모전에 당선됨으로써 세계적인 스타 건축가로 단숨에 부상하게 된다.

3. 라데팡스 그랑 다르쉬^{the Grande Arche at La Defense(1989)}: 1989년 덴마크 건축가 요한 슈프레켈센Johann Otto von Spreckelsen

이 설계한 신개선문이다. 신개선문은 1989년에 완공된 건축물로 파리의 신도시, 라데팡스의 건축 디자인에서 가장 돋보이는 건물 중 하나이다. 신개선문은 그 유명한 개선문과 일직선상에 있을 뿐 아니라 두께 또한 똑같다.

4. 프랑스 국립도서관the Bibliotheque Nationale de France(1995): 원래 옛 국립도서관으로, 21세기 알렉산드리아로 만들고자 1995년 3월 재개관하였다. 프랑스 국립도서관은 유럽의 도서관 중에서도 가장 훌륭한 도서관으로 평가되고 있다. 또한 디지털도서관인 갈리카Gallica를 통해 중세에서부터 20세기 초에 이르는 정치, 경제, 법률, 철학, 문학, 과학, 역사, 민속학 등이 총망라된 디지털 장서를 웹서비스 하고 있다.

5. 라빌레트 공원: 전 세계적으로 파리만큼이나 대대적인 도시계획이 끝없이 추진되는 도시도 찾아보기 힘들다. 19세기 중반 오스만의 파리 개조계획 이후 획기적인 사업들이 많이 추진되었는데, 이런 계획 중 하나가 '라빌레트 지구 개혁'이다. 이는 공원 안에 첨단과학문화를 습득하는 공간을 마련함으로써 프랑스 사람들로 하여금 과학적 마인드를 갖고 미래를 내다볼 수 있게 하기 위함이다. 파리 동북부에 위치한 라빌레트 지구는 과거 가축시장이자 도살장이었던 곳으로 전체 면적이

55ha에 달한다. 이 거대한 지역은 공원 및 각종 문화 활동 공간으로 만들어져 파리 시민들에게 다양한 문화 활동에 참여할 수 있게 해주었다.

6. 바스티유 오페라 극장: 오페라 바스티유는 역사적인 바스티유 감옥 습격 200주년을 기념하여 1989년에 세워진 모던 스타일의 건물이다. 발레와 현대무용을 상연할 수 있는 근대적인 오페라하우스로서 캐나다 건축가 카를로스 오트^{Carlos Ott}에 의해 지어졌다.

5. 도시 속의 소규모 문화운동

1) 세인트루이스: 주말 여가 프로그램

미국 세인트루이스^{St. Louis}시는 도심공원인 포레스트파크^{Forest Park}에서 수레를 타며 농촌의 정취를 즐길 수 있는 주말 여가 프로그램을 운영한다. 이 프로그램은 10월 3일부터 12월 13일까지 매주 금요일과 토요일 야간에 포레스트파크에서 건초를 실은 수레를 타고 다니며 소풍을 즐기는 것이다. 수레는 밤 7시부터 8시 20분까지 10여 차례 출발하며, 남녀노소 관계없이 시 공원과에 미리 예약한 주민이면 누구나 이용 가능하다. 포레스트파크는 세인트루이스의 중심부에 있는 도시공원으로 뉴욕의 센트럴파크보다 약간 넓다. 이 공원은 미국에서 가장 큰 도시공원 중 하나로 동물원, 미술관, 역사박물관, 과학센터 등 지역의 주요 문화시설이 있어 많은 방문객이 이곳을 찾고 있다(세계도시동향, vol.80).

2) 로스앤젤레스: 도시공동체 텃밭

로스앤젤레스의 동쪽 멕시코계 거주지역엔 도시공동체 텃밭 Community Garden이 있다. 이 텃밭은 지역 내 병원에서 일하는 한 의사의 주도로 주민 지도자들이 함께 병원 소유의 자투리 땅을 활용한 것이 시초이다. 마을 주민이면 누구나 텃밭에 와서 각종 채소와 과일을 재배할 수 있고, 여기에서 나오는 유기농 채소와 신선한 과일을 저소득층 가정의 아이들에게 무료로 제공한다. 또한 이 텃밭은 매년 추수축제를 통해 주민들의 결속력을 높이고 아이들의 방과 후 학습장소로도 사용된다. '미국 커뮤니티 가든 협회' 자료에 의하면 미국과 캐나다의 도시에 약 10,000개의 도시공동체 텃밭이 운영되고 있다. 도시 텃밭은 공동체 결속, 여가활동, 아이들의 야외학습장 등 도시결속과 활성화에 기여하고 있다(세계도시동향, vol.94).

3) 필라델피아: 무료공연 프로그램

필라델피아에는 '퍼스트 프라이데이First Friday'라는 프로그램이 운영된다. 이 프로그램은 도심 문화예술 거리에서 진행된다. 매달 첫째 금요일 오후 5시부터 9시까지 문화예술 거리에 있는 40개 이상의 공연장, 미술관, 박물관 등에 무료로 입장할수 있으며, 방문객에게 와인과 치즈를 제공해 서로 자연스럽게 어울릴 수 있는 공간과 기회를 제공한다. 필라델피아의 문화예술 거리는 도심 재활성화에 크게 기여하고 있다. 거리 주변의 빈 건물들이 상업과 주거 공간으로 탈바꿈하면서 도심 거주 인구도 늘었다(세계도시동향, vol.125).

4) 베를린: 주거지 정비사업

독일 베를린은 동서독 통일 이후 변화된 여건을 반영해 1995년에 종합적인 '주거지 정비 프로그램Stadter neuerungs programm'을 수립하였다. 이 프로그램은 기존의 인구 구조 및 도시 조직을 유지하는 것을 원칙으로 하고 있다. 정비 구역에는 주민 대표 기관을 설립해 주민참여를 활성화하고, 정비 프로그램에 필요한 예산은 베를린 시정부와 연방 정부, 유럽연합에서 확보해 최대한 지원한다. 주거지 정비 프로그램 대상은 저소득층이 밀집해 살고 있는 낙후된 주거지와 준 공업지역의 유휴 부지 등이다. 이 정비사업 전에는 인구감소율이 심각한 수준이었으나, 정비사업이 추진됨에 따라 2000년 이후 인구증가율이 8.5% 이상으로 높게 나타났다. 특히 자녀가 있는 젊은 부부의 수가 눈에 띄게 증가하고 있어 정비구역과 주변지역 활성화에 크게 기여하고 있다. 전체 정비대상의 과반수인 4만 1,000여 호의 주택이 리모델링되어 정비가 완료되었고, 도심 주거지와 준 공업지역을 활성화하는데 결정적인 역할을 했다.

베를린은 1980년대 초까지 철거 위주로 정비를 추진해 낮은 원주민 재정착률, 단조로운 도시경관, 환경문제 등이 제기되었다. 정비구역은 근린 생활권 단위인 30만~50만㎡ 규모로 크게 지정해 난개발을 방지하고 기반시설을 효과적으로 설치했다. 베를린의 전체 주택 수는 약 188만 호에 달하며, 이 중 43%에 해당하는 약 80만 호가 지은 지 60년 이상 된 노후주택으로, 특히 100년 이상 경과한 주택 수가 전체 주택 수의 1/4에 해당한다. 베를린은 100년 이상 된 노후건물이라도 안전상의 문제 등 특별한 경우를 제외하고는 리모델링을 원칙으로 하고 있다(세계도시동향, vol.175).

9 네트워크와 문화도시

1. 네트워크와 도시 공간

현대의 도시적 삶이란 다양한 사회 네트워크로 이루어진다. 기존의 혈연적 연대에서 다양한 경제, 사회, 문화적인 네트워크가 형성된다. 도시에는 이웃, 친구, 친척, 직업 관계, 사회적 계층, 취미활동 등 다양한 형태의 관계가 존재한다. 넓은 도시에서 같은 취미를 가진 사람들을 만날 때 더욱 친근감을 느낀다. 또한 대중교통과 정보통신기술의 발달은 도시 공간의 분화를 촉진시켰다. 서로 멀리 있더라도 통화가 가능하고 도시 중심가의 한 장소에서 만나고 헤어진다. 이러한 사회적 네트워크는 관계의 친밀도에 따라 접촉 빈도가 높은 강한 유대strong tie와 접촉 빈도가 낮은 약한 유대weak tie로 나뉜다. 흔히 강한 유대에서 많은 정보를 얻을 것이라고 생각하지만, 강한 유대 관계에서는 친밀한 이야기나 이미 알고 있는 정보가 오가기 때문에 새로운 것을 얻을 수 없는 경우가 많다. 오히려 처음 보는 약한 유대 사람들 사이에서 새로운 정보를 얻을 수도 있다. 약한 유대의 강점은 도시에서 다양한 사회 네트워크 형성의 동인이 되고, 나아가 공간 이동과 함께 공간 분화의 중요한 원인이 되기도 한다.

도시 사회관계에서 형성되는 지식은 형식지explicit knowledge와 암묵지tacti knowledge로 나눌 수 있다. 형식지는 이미 책이나 정보의 형태로 사람들이 알고 있는 것이고 암묵지는 아직 정형화되지 않은 채 전문가들 사이에서 말로 전해지는 것이다. 따라서 경쟁력을 결정하는 핵심은 암묵지가 된다. 암묵지는 사회 구성원들의 서로 간 신뢰 속에서 이루어진다. 사회 네트워크는 지식을 공유할 수 있는 요인이며, 사람들을 연결시키고 실천 공동체를 형성하게 해준다.

2. 낭트시의 사례: 세계시민의 집

사회학자 앤서니 기든스Anthony Giddens는 사회 네트워크와 도시 공간의 관계에 주목하였다. 그는 20세기 이후 근대성의 증대와

시공간 원격화의 과정이 일반화되었고, 시공간의 분리가 근대성을 형성하는데 결정적 계기가 되었다고 주장한다. 현대 도시의 일상생활에서는 작은 일상과 장소에 대한 지식의 중요성은 상실되고, 일상적 삶이 훨씬 더 확장된 시공간의 범위에서 활동하게 된다. 이러한 것이 구체적으로 드러나는 것이 세계화이다 (김인·박수진, 2006: 176~180).

세계화가 가장 잘 드러난 것이 국가 간을 넘나드는 사람들의 이동이다. 우리나라도 최근에 많은 외국인의 입국으로 인해 여러 사회문제가 발생하고 있다. 함께 조화롭게 살아야 하는 방법을 고민해야 하는 상황이 되었다. 이처럼 외국인들에 대한 정착지원과 정보의 교류가 가능한 네트워크를 구성한 대표적인 예를 프랑스 낭트시에서 찾을 수 있다.

낭트시는 1996년 이주 외국인을 위한 '세계시민의 집'을 설립해 보다 체계적으로 이주 외국인의 안정된 정착을 지원하고 있다. 물론, 자국인과 외국인의 교류와 정보교환을 위해 '세계시민의 집'을 적극 활용하고 있다. 외국인 단체 40여 개와 외국인 관련 시민단체 30여 개가 이곳에서 활동하고 있다. 이들 단체는 외국인이 현지생활에 적응할 수 있도록 정보를 제공하고 외국인의 현지화에 필요한 시민정신교육을 한다. 이를 위해 자료센터와 문화센터를 운영하고 있으며, 세계 시민의 협력 강화방안 개발과 세계 경제, 사회, 정치 및 문화 이해를 돕기 위한 프로그램을 기획, 진행한다. 아울러 낭트 시민들과의 조화로운 교류를 위해 낭트 시민과 이주 외국인의 공동 프로젝트를 수행하고 있다.

낭트시가 '세계시민의 집'을 개설하여 진행하는 활동들은 프랑스 사회의 기본적 이념인 '관용Tolerance'을 넘어 이주 외국인들에게 활동영역과 교류활동 공간을 제공하였다(세계도시동향, vol.167).

3. 제3의 장소 이론

21세기 지식산업사회의 발달과 디지털 기술은 우리 일상생활 전반에 커다란 변화를 가져오고 있다. 레이 올덴버그Ray Oldenburg에 의하면, 현대 도시인들에게 제1의 장소는 집, 제2의 장소는 회사이다. 제3의 장소는 다양한 계층의 사람들이 편안하게 네트워킹하고 스스로 재미를 느끼며 다시 일상으로 돌아갔을 때 창조성을 발휘할 수 있는, 창조적 상호작용이 가능한 곳이다. 즉 제3의 장소는 직장, 학교, 집이 아닌 집과 같이 안정감을 주는 동시에 집과는 다른 재미가 있어 사람들이 정기적으로 방문하게 되는 장소라고 할 수 있다. 레이 올덴버그

Ray Oldenburg는 그의 저서 『아주 멋진 장소The Great Good Place』에서 이러한 '제3의 장소The Third place'의 중요성에 대해서 말하고 있다. 이러한 곳은 우리가 자유롭게 드나드는 커피숍, 서점, 카페, 바, 미용실, 쇼핑센터 등과 같은 장소이다. 올덴버그에 따르면 이러한 제3의 장소는 사람들이 단지 좋은 친구들, 생생한 대화의 즐거움을 위해 시간을 보내는, '사회적 활력을 제공하는 공동체의 심장'으로 구성된다(유승호, 2006).

1) 실리콘밸리와 루트128: 암묵지가 창출되는 곳

제3의 장소가 도시에 끼치는 영향은 미국의 실리콘밸리Silicon Valley와 루트128Route128의 사례에서 확연하게 알 수 있다. 루트128의 엔지니어들은 가족, 이웃과의 관계가 좋아 직업과 지역적, 사회적 삶이 매우 분명히 구분되었다. 반면에 실리콘밸리 엔지니어들은 가족적 생활보다는 새로운 기술을 중심으로 친분을 쌓아갔다. 실리콘밸리 엔지니어들은 일을 끝내고 집에 와서 쉬는 것이 아닌, 시장과 기술에 대해서 이야기를 나눌 수 있는 장소에 모였다. 하지만 루트128에는 이러한 제3의 장소가 없었다. 루트128에서 실리콘밸리로 직장을 옮긴 제프리 카릅Jeffrey Kalb은 "루트128에서는 실리콘밸리에서처럼 서로 만날 수 있는 장소가 없었다"라고 말하고 있다. 실리콘밸리의 엔지니어들은 여가 시간에 게임을 하거나, 저녁 식사를 하거나, 테니스를 하면서 반도체나 새로운 네트워크 유형이나 신기술 등 일에 관한 이야기를 자연스럽게 나누었다(Saxenian, 1994: 61). 이것은 한 지역의 인적 네트워크가 서로의 신뢰를 바탕으로 암묵지를 형성한 주요한 사례라고 할 수 있다. 암묵지는 지역 산업을 발전시키는데 있어서도 중요한 역할을 한다. 암묵지를 창출하는데 가장 중요한 것은 사람들 간의 만남이며, 이러한 만남을 가능하게 하는 장소가 바로 제3의 장소인 것이다. 예전 미국에서는 사람들이 비공식적으로 자유롭게 모여 식사를 하며 서로 친분을 쌓는 '제3의 장소'가 많았다. 하지만 제2차 세계대전 이후 미국인들은 개인화, 경쟁적 관계가 주요 흐름으로 자리 잡았다. 경제적으로 풍요해짐에 따라 사람들은 공원, 대중교통을 피하게 되었다. 서로 친밀함을 가지고 만날 수 있는 제3의 장소가 줄어들었다. 첨단기술의 발달로 집에서 더 재미있고 편하게 지낼 수 있는데 굳이 밖으로 나가서 돈과 시간을 쓸 이유가 없었던 것이다. 제3의 장소는 자신의 관심사에 대해 서로 대화가 통하는 사람들이 모이는 곳이다(Oldenburg, 2001: 2~7). 고도 산업사회일수록 역설적으로 제3의 장소가 더욱 필요해졌다. 독립적인 문화를 가지고 있는 중소규모 장소들이 늘어나게 된 이유이다.

2) 사이버스페이스: LA와 런던의 가상도시

제3의 장소라고 말할 때, 사이버스페이스까지 그 영역을 확대할 수가 있다. 게임 속의 가상도시에 제3의 장소를 적용해 보면 어떨까? 한 예로 미국 캘리포니아 LA에서는 사람들이 도시를 체험할 수 있게 가상도시를 만들었다. 캘리포니아대학교 로스앤젤레스 캠퍼스[UCLA] 도시 시뮬레이션 팀은 로스앤젤레스 전역의 실시간 가상도시 모델을 구축했다. 이 가상도시는 담장의 낙서 및 창문까지 볼 수가 있었다. 이렇게 구축된 가상도시 모델은 클라이언트 서버 환경을 지원하며, 수백 명의 원격 사용자가 가상의 로스앤젤레스를 여행할 수 있도록 했다. 3차원 가상도시 구축을 위한 도시 시뮬레이터[uSim(Urban Simulator)] 덕분에 도시 계획, 도시 디자인, 토목, 건축, 환경, 엔지니어링 분야에서 3차원 환경을 쉽게 구현할 수 있게 된 것이다.

특히 항공사진과 중첩된 3차원 건축 모델과 도로에서 찍은 비디오를 조합해 현실감 있는 도시를 구현하고, 식물 형태나 도로 표지판, 낙서 등이 현장감을 주었다. 또한 기존 건물이나 새로 구축할 예정인 건물과 고속도로, 역사 건축물 등을 검색할 수 있게 하였다. 로스앤젤레스를 방문하는 관광객이 지하철 등 교통편을 가상 체험할 수 있게 하였다(세계도시동향, vol.174).

또 다른 가상도시는 영국의 런던이 있다. 런던대학교 유니버시티칼리지UCL(University College London) 첨단공간분석센터CASA(Center for Advanced Spatial Analysis)는 도시의 주요한 건물을 포함한 3차원 가상도시 '버추얼 런던Virtual London: On-Line Participation'을 구축하였다. 버추얼 런던의 특징은 사진 측량을 통해 건물 모양, 높이, 재질 등 기본정보 데이터를 얻고 GIS와 CAD 등 다양한 사진 이미지 기법 등을 이용했다는데 있다. 이를 통해 데이터를 처리하고 아바타를 도입해 실제와 동일하게 구성된 가상 런던에서 돌아다닐 수 있게 하였다. 또한 버추얼 런던의 파노라마 사진 가상현실 기술Photo-spatial VR로 도시를 현실감 있게 보여주고 건물이나 시설물의 입체 정보를 제공해주었다. 이용자들이 기본적인 GIS 기능을 이용해 2차원으로 표현된 인구정보, 항공사진, 도로, 건물, 지표면 기복 등을 살펴볼 수 있게 하였다. 구글의 어스Earth는 세계의 네트워크화가 일상적으로 살아가는 사람들에게 어떻게 작동하는가를 보여주는 단적인 예라고 할 수 있다(세계도시동향, vol.170).

10 문화도시 추진을 위한 리더십과 파트너십

문화도시는 어떻게 만들어지는가? 문화도시 성공 사례를 통해 문화도시 추진 단계의 특징을 파악하는 것이 가장 명확한 답이 될 것이다.

1. 헤이온와이: 한 개인이 만든 책방 마을

영국의 헤이온와이Hay-on-Wye는 인구 1,300명의 작은 마을이다. 지리적으로 잉글랜드와 웨일즈 접경지대에 있다. 헤이온와이는 시골마을로 런던에서 4~5시간 거리에 위치하였지만, 특색 있는 헌책방이 40여 개나 되고 매년 수십만 명의 관광객이 찾는 세계적인 관광명소이다.

주민 전체가 헌책방을 중심으로 생활하면서 연간 100만 권 이상의 책을 판매하고 있다. 헤이온와이에는 각각 특성 있는 40여 개의 책방 외에 34개의 골동품 가게와 갤러리, 30여 개의 작은 호텔과 B&B^(Bed & Breakfast: 잠자리와 아침이 해결되는 영국식 민박), 그리고 작은 음식점과 식료품 가게들이 자리하고 있다. 특히 문학, 음악, 미술 등을 총망라하는 종합 문화예술 축제인 헤이축제를 매년 5월 마지막 주 열흘 동안 열어 전 세계에서 수많은 관광객을 맞이하고 각종 문화행사, 국제교류에 힘쓰고 있다. 물론, 마을 사람들이 모든 행사 진행과정에 참여한다.

평범한 농촌 마을 헤이온와이가 영국뿐 아니라 세계적인 책 마을로 탈바꿈한 것은 1961년 옥스퍼드대학교를 졸업한 이 고장 출신 젊은이 리처드 부스^{Richard Booth}에 의해서이다. 그는 낡은 성을 사들여 서점으로 만들었다. 사람들이 작은 시골 마을에서 헌책방 운영이 제대로 되겠느냐고 염려했음에도 소방서, 영화관 등 더 이상 사용하지 않는 마을의 건물을 차례로 사들여 헌책방으로 바꾸었다. 동시에 그는 영국뿐 아니라 유럽 대륙과 미국을 뒤지며 세계 곳곳에서 헌책을 사 모으기 시작했다. 이러한 노력으로 학자들과 책을 좋아하는 사람들 사이에서 헤이온와이에 가면 필요한 책을 구할 수 있다는 명성을 얻게 되었다.

부스와 거래하던 헌책방과 도서 수집가들이 마을에 들어와 서점을 열게 되었고, 그를 지켜보던 마을 사람들도 헌책방을 운영하게 되었다. 리처드 부스와 헤이온와이 서점들은 전 세계의 책을 사들였고 그 책을 사기 위해 전 세계의 사람들이 헤이온와이로 모여들었다. 전 세계에서 모여든 사람들이 숙식을 해결할 곳이 필요했다. 마을에는 식당과 B&B가 생겨나 급기야는 마을 전체가 헌책방을 중심으로 완전히 새롭게 태어나게 되었고, 1972년부터 헤이온와이는 책 마을로 불리게 되었다.

헤이온와이의 특징은 헌책방이나 식당, 골동품 가게를 만들기 위해 일부러 새로 건물을 지은 것이 아니라 일반 가정집이나 공공건물을 개조하여 책방으로 바꾸었다는데 있다. 삐거덕거리는 낡은 마룻바닥을 밟으며 헌책방 안을 둘러보는 재미가 각별하다. 헤이온와이는 헌책방이 주민들의 생활과 밀접하게 관련되도록 정주성을 강조하였으며, 아날로그적 감성을 자극하여 사람들을 끌어들였다(이지나, 2003).

2. 랑독-루시옹: 국가·공공단체·민간기업의 협력

프랑스 남부 니스에서 상트로베로 이어지는 곳에 위치한, 지중해 연안의 랑독-루시옹 해안은 해변 길이가 약 180km, 폭이

20km나 된다. 파리로부터 약 900km 정도 떨어진 곳에 자리 잡고 있는 이 지역은 한때 야생마가 뛰놀던 불모지와 모기떼가 득실거리는 습지였다. 개발 이전에는 축산업과 포도농사가 이 지역의 주요 수입원이었다. 포도주 생산량은 프랑스 1위로 고품질의 백포도주를 생산하였다. 하지만 산업구조가 변함에 따라 새로운 산업에 대한 필요성을 느낀 랑독-루시옹시는 관광개발산업을 목표로 리조트 개발을 시작하였다.

랑독-루시옹의 문화도시 특징은 국가, 지방공공단체, 민간기업으로 구성된 개발회사를 설립하여 개발을 추진한 데 있다. 중앙정부에서는 기본계획수립 및 토지매입을 담당하였으며, 지방정부에서는 기반시설 건설 및 분양 그리고 민간은 보조금, 은행융자금 이용 및 개발·분양을 담당하였다. 애초 1965년에 사업에 착수하여 1975년 완공을 목표로 정부예산 8억 5,000만 프랑과 민간자본 80억 프랑이 확정되었으나, 계획이 연장되면서 1965년부터 1983년까지 총 30억 프랑이 투자되었다. 개발 초기에는 부정적이고 비판적인 시각도 적지 않았으나, 결과적으로 30년 동안 일관된 범정부적인 지원으로 성공을 거두게 되었다. 이러한 장기적인 노력으로 35,000여 명의 상시고용과 25,000여 명의 임시고용 효과와 함께 1963년 평균 50만 명 수준이던 관광객이 1998년 1,400만 명으로 크게 증가하였다(이중 800만 명이 해수욕장을 이용하면서 평균 7~8일 정도 체류했음), 총 200억 프랑의 개발 사업 투자가 발생하면서 정부는 이에 따른 막대한 부가세 수입을 얻게 되었다(대통령 자문 정책기획위원회, 2004).

랑독-루시옹의 성공 요인은 주요 지역을 거점 개발하고, 관광지별로 특색 있는 설계를 도입하여 다양성을 확보하였으며, 배후 관광지와 연계하여 머무르는 관광지로 육성, 지역 여건에 맞는 휴양지로 개발한 것이 유효했다. 관광 비수기 경제활동을 위한 정주정책을 추진하고 요트항 및 카지노 설치로 부대수입을 확보하는 등 지속적 경제활동을 유지한 것도 성공 요인이라고 할 수 있다(뉴스메이커, 2007.11.20).

3. 리버풀: 공공부문과 민간기업의 협력

비틀스의 고향 리버풀은 철강 산업도시로 인식되어 있어 전반적으로 부정적인 이미지가 강했다. 이러한 부정적인 이미지를 탈피하고 미래지향적이며 보다 살기 좋은 문화도시로의 이미지 전환을 위해 리버풀시는 문화도시로의 전환을 꾀하게 된다. 1980년대 후반부터 공공분야와 민간기업의 협력을 통해 리버풀을 문화 관광 측면에서 개발해야 한다는 의견이 대두되자 문화중심도시 조성을 위해 시의회 의장이 리버풀 문화사 Liverpool Culture Company CEO를 동시에 겸임하면서 문화 중심 도시 조성이라는 목표를 위해 일관된 정책적 지원을 했다. 그 결과 2005년 높은 관광수입과 고용창출 효과를 낼 수 있었다. 2003년~2010년까지 매년 특정 주제로 리버풀에서 수백 개의 이벤트를 개최하여 시민들이 문화적인 삶을 즐길 수 있도록 했다.

리버풀이 문화도시로 성장할 수 있게 된 가장 큰 배경은 영국의 전설적 그룹 비틀스이다. 아직도 비틀스를 그리워하는 팬들이 비틀스의 고향 리버풀을 찾고 있으며, 이들은 비틀스가 292번이나 공연을 했던 '캐번클럽'을 찾아간다. 리버풀시는 아예 비틀스 박물관인 '비틀스 스토리Bealtes story'를 개장하여 관광객 유치에 힘쓰고 있다. 이러한 음악적 자산을 바탕으로 리버풀시는 유럽에서 가장 큰 무료 뮤직 페스티벌인 매트 스트리트 페스티벌Mathew Street Festival을 열어 매년 300,000명 이상의 관중들을 모으고 있다. 나아가 문화 중심 도시 육성을 위한 구체적인 계획을 시민과 공유하고자 『리버풀 퍼스트 워크북Liverpool First Workbook』을 2002년에서 2005년까지 발간해 시민들로 하여금 리버풀을 함께 만들어 간다는 의식을 심어주었다. 그 결과 2003년 6월, '2008 유럽의 문화 수도'에 선정되어 유럽 문화 중심 도시로 인정받았다(미래한국재단, 2007.9).

4. 라이프치히: 구 동독의 발전을 위한 문화도시

통일 독일 이전, 동독의 관광산업은 공산주의정책으로 인해 서독보다 상대적으로 저개발 되었다. 투자, 기업가적 기술 부족, 부적합한 인프라, 몇몇 핵심적 관광 목적지(베를린, 드레스덴, 바이마르, 라이프치히)에만 의존하는 것이 특징이었다. 동독의 대도시들은 통일 후 구조조정을 통해 제조업이 쇠퇴하고 서비스 산업 위주의 경제구조로 전환하면서 많은 주민들이 실업 상태에 놓이게 되었다. 특히 청장년층의 선택적 인구 이동으로 도시 기반 유지에 어려움을 겪었으며 도심에 있는 많은 주택이 비어 전체 도심의 쇠락을 겪고 있었다. 이러한 상황에서 동독은 관광객을 끌어들이기 위해 노력하면서 새로운 이미지를 부각시키기 위한 아이덴티티를 형성하고자 노력했다. 즉, 관광객도 유치하고 도시 자체의 발전을 꾀하는 전략으로 도시개발을 진행하였다. 이러한 동독 도시개발의 대표적인 사례로 라이프치히를 들 수 있다. 통일 후 라이프치히는 1990년대 이후부터 끊임없이 이미지 캠페인을 시도하면서 오랜 전통을 가진 혁신 도시로 브랜드화 했다. 라이프치히 시는 지속가능한 경제발전을 위해 몇 가지 프로그램을 집중적으로 진행했다.

1) 박람회 도시 라이프치히^{Messestadt Leipzig}, 1991: 과거 독일 박람회 시장을 선도했던 도시의 명성을 이용하려는 목적하에 13억 마르크의 비용을 들여 라이프치히시 북쪽에 박람회장을 건설하였다. 추진 과정에서 많은 공적 비용을 초래하였고 지역경제를 재조직해야 하는 문제가 노정돼 1996년 4월 새로운 부지로 이전하였다. 이후 컨퍼런스 관광으로 인한 비즈니스 여행자들이 많은 비중을 차지하면서 이를 겨냥한 비즈니스 클래스 숙박시설이 투자자들에게 인기를 얻었다. 그러나 개별 여행자들이 라이프치히에 체류하는 데는 장애요인으로 작용하기도 하였다.

2) 미디어 도시 라이프치히^{Medienstadt Leipzig}, 1990: 민관합동으로 라이프치히를 독일과 중부유럽의 미디어센터로 육성하고자 1992년 PLC^(Public Limited Company)를 설립하였다. 이후 미디어 분야 투자자들을 모집하고 지방 및 지역 인쇄매체 사업을 장려하였고, 인쇄 및 출판업체가 집중되어 있는 그라피셰스 비르텔^{Graphisches Viertel} 지역이 지원을 받아 활성화되었다.

3) 라이프치히가 다가온다^{Leipzig Kommt!}, 1993: 이미지와 정체성 홍보 캠페인이다. 라이프치히를 장래성 있는 도시로 만들려는 집단적 노력을 통해 투자자들을 유인하였다.

4) 라이프치히의 자유^{Leipziger Freiheit}, 2002: '라이프치히에서는
제한이 없다'는 것을 강조했다. 1989년 공산주의에 항거한 라이
프치히 자유정신의 전통뿐만 아니라 미래에도 비전을 가진, 세
계로 열린 도시임을 강조하였다.

5. 가나자와: 시당국 주도의 전통 기반 문화도시 추진

일본의 가나자와시는 자연과 전통문화를 기반으로 한 소규모 기
계 산업, 전통차(茶)및 생과자와 같은 음식산업, 장인을 중심으로
한 자기공예사업과 같은 수공업을 중심으로 발전했었다. 그러나
1960년대부터 경제발전 시대가 찾아오면서 일본 전역에서 전통
문화의 쇠퇴가 일어났다. 이에 맞서 가나자와시는 가나자와 고유
의 경관과 문화를 이용하여 자신들만의 브랜드를 개발하였다.

가나자와시는 1968년 일본 최초로 경관에 관한 조례를 제정하
면서 전통경관을 보존하기 위해 노력하였다. 1970년 본격적으
로 '60만 도시 구상', 1984년 '21세기 가나자와의 미래상', 1996
년 '세계도시구상'과 같은 가나자와 시정의 기초가 되는 구상
안을 연차적으로 만들었다. 이를 기초로 '신 기본계획'을 수립하
여 시정운영의 지침으로 삼고 2005년 '차기 기본계획'을 수립,
2006년부터 10년간 시정의 지침으로 삼았다. 특히 가나자와 시

는 공예산업 활성화를 위해 주민 자치조직인 '구타니야키 조합'과 함께 일을 했다. 지방정부는 '문화정책과'와 '공예진흥실'을 통해 도자기산업을 지원했다. 이에 구타니야키 조합도 도자기 상공업협동조합 연합회를 중심으로 홍보 업무를 지원하고 있다.

전통적인 경관 창출 중심의 정책은 각종 규제와 제재를 수반하면서 거주민들을 불편하게 할 수 있다. 이에 가나자와시는 단순히 문화의 보존이나 복원이 아닌 새로운 문화와의 결합을 통해 현대적 전통 재생산을 추구하였다. 또한 문화예술의 일상화를 통해 시민들의 자연스러운 문화예술 감수성을 키우고자 하였다. 그 결과 가나자와시의 문화예술을 담당할 '문화거점'들이 설립되었다. 1989년 가나자와시 승격 100주년 기념으로 '우타츠야마공예공방'을 설립하였다. 본래 공예대학 졸업생만을 대상으로 교육하는 공간이었으나 매년 2억 엔의 시 지원금을 통하여 전문작가 육성뿐만 아닌 시민들에게도 높은 수준의 공예미술을 체험하게 해주었다.

1996년에는 폐쇄된 방적공장을 리모델링하여 다양한 시민 문화예술동아리 활동을 활성화한 '시민예술촌'과 '21세기 미술관'을 열어 시민들의 다양한 문화 체험과 커뮤니티를 가능하게 하였다(김현호·한표환, 2004).

6. 꾸리찌바: 도시 시장(市長)이 추진한 계획도시

브라질의 환경수도라고 불리는 꾸리찌바시는 20세기 초반까지는 도시 성장이 매우 느렸다, 그러나 1940년대부터 산업화, 도시화의 물결을 맞아 도시계획이 시행되면서부터 빠라나주의 수도역할을 하게 되었다. 20세기 중반까지 꾸리찌바시는 제3세계 국가의 다른 도시들처럼 많은 문제를 안고 있는 도시였다. 도시민의 과반수가 문맹자였고 도시 빈민이 많아 범죄 등 각종 사회문제가 발생하였으나 1970년 초부터 자이메 레르네르 시장의 비전과 강력한 리더십 하에 지속적인 계획 행정을 추진하였다. 그 결과 "지구에서 환경적으로 가장 올바른 도시", "세계에서 가장 창조적인 도시" 등과 같은 수식어가 붙으면서 전 세계가 부러워하는 가장 바람직한 도시의 모습을 갖추게 되었다.

꾸리찌바시가 중점적으로 추진한 정책은 다음과 같다. 첫째, 효율적인 대중교통체제를 확립하여 기존의 고비용 구조의 지하철 대신 버스 등 대중교통 중심의 교통체계를 구축하였다. 버스중심교통체계BRT의 건설비용은 1~5백만 달러인 반면 지하철은 65~180백만 달러로 BRT가 훨씬 더 효율적이었다. 둘째, 개발권 양도와 같은 창조적 인센티브 제도를 도입하여 개발권 양도 및 쓰레기 구매 등 부족한 시 재정에도 불구하고 충분한 녹지공간을 확보하고 쓰레기 문제를 해결하였다. 셋째, 인간 중심적 문화도시를 만들기 위하여 승용차보다는 보행을 중시하여 도심지역에 많은 보행자 거리를 조성하고 자전거 도로 확충에 역점을 두었다. 또한 폐광지역, 폐업공장, 탄약창 등 사용가치가 없는 지역건물을 문화시설로 개조하였다(신행정수도건설추진지원단, 2003).

7. 파리: 라데팡스 지역의 문화상업지역 추진

프랑스 파리의 라데팡스는 유럽 최대 규모의 비즈니스 단지이다. 1960년대 역사적 건물을 보존하고 교통체증을 막기 위해 일터와 집을 연결하는 새로운 지역개발 필요성이 대두되었다. 이에 파리는 라데팡스를 새로운 건축물이 있는 문화 상업지역으로 만들었다. 이때 만들어진 신개선문은 프랑스 대혁명 200주년 기념으로 덴마크 건축가 폰 슈프레켈센이 설계했다. 높이 110m, 대리석과 유리를 이용해 아치형으로 만들어진 신개선문은 파리의 상징인 개선문과 마주보며 서 있다.

라데팡스는 지리적으로 파리와 가까우며 미개발지여서 건물을 짓기가 용의하고, 토지소유권 문제로 인한 마찰 또한 거의 없었으며 거대한 지하공간을 이용할 수 있었다. 또한 북서쪽 주거지역에서 쉽게 노동력을 제공받을 수 있다는 장점이 있었다.

라데팡스는 새로운 비즈니스 집중지구를 건설함과 동시에 파리를 유럽의 수도로 격상시킨다는 목표로 개발되기 시작했다.

1958년 구성된 라데팡스 지역개발 공사는 1964년 첫 마스터플랜을 내놓았고, 개발계획을 입안하는 데만 6년이 소요되는 등 도시 외형 완성에 무려 30여 년이 걸렸다. 미개발 슬럼지구였던 라데팡스에 1978년 공원이 완공되었고 이 공원을 중심으로 개발이 시작되었다.

공원 남쪽 15ha 크기 지역에 3,000여 개의 주거군이 밀집되었으며, 피카소 에비뉴와 퐁트넬 지구에는 6,000개의 주거지역과 22,000여 명의 주민, 그리고 이를 위한 상업센터와 다양한 아틀리에가 입지하여 예술가들에게 활동공간과 주거공간을 제공했다. 공원을 중심으로 그 안에 대학교, 건축학교, 예술학교, 음악학교 등 각종 교육시설과 문화시설을 보유해 보다 가족적인 공간의 모습을 갖춘 주변 환경 및 녹지 조성에 주력하였다.

1964년에 발표된 애초의 마스터플랜에는 30층 높이의 업무용 빌딩을 중심으로 한 기능적인 인공도시였으나, 개성이 없는 획일적인 경관이라는 여론 때문에 1970년 마스터플랜을 변경하여 건축 형상에 대한 규제를 폐지하면서 민간 사업자를 끌어들였다. 그 결과 48만 평의 비즈니스 복층 도시가 건립되었다.

지하에 도로, 지하철, 철도, 주차장 등 모든 교통 관련 시설을 설치하고, 그 위에 건축물 및 각종 공간을 조성하면서 교통 효율의 극대화와 함께 파리의 전통인 역사성과 예술성이 강조되었다(미래한국재단, 2007.5).

8. 얼바인: 민간기업이 추진한 계획도시

얼바인은 미국 캘리포니아주 오렌지 카운티의 기업 주도형 신도시로, 미국 내 대표적인 계획도시이다. 개인 기업인 얼바인 주식회사Irvine Company가 주도하여 1960년대부터 개발한 얼바인은 2007년 기준, 면적 69.7 제곱 마일(180.5km2)이며 202,079명이 거주하고 있다.

얼바인 건설은 1959년 캘리포티아 주립대학 당국이 얼바인사에 캠퍼스 부지를 기증해 줄 것을 요청하고 이에 얼바인사가 동의함으로써 시작되었다. 얼바인사는 1960년대부터 도시개발 부문을 주력 분야로 전환하면서 얼바인랜치 부지에 얼바인과 같은 교외도시 건설을 계획한다. 이에 건축가 페레이라W. Pereira와 얼바인사의 도시 계획가들은 대학캠퍼스(오늘날의 캘리포니아 주립대학교 얼바인 캠퍼스)를 중심으로 인구 10만 명 규모의 도시 얼바인을 건설하기 위해 마스터플랜을 수립한다. 이 마스터플랜에 근거하여 1960년대부터 도시를 만들어나갔다.

얼바인의 특징은 지역경제 발전 및 일자리 공급을 위한 비즈니스 센터(예로 Irvine Spectrum, Irvine Business Complex, Irvine Technology Center 등)와 상업시설을 배치함에 따라 자족성을 추구하였다. 이와 동시에 지역주민의 생활환경 향상을 위해 각종 레크리에이션 시설, 공원, 오픈 스페이스 등도 풍부하게 공급하였다. 또한 도시 주민의 삶의 질 향상을 위해 야생동물 서식지를 비롯한 자연환경을 보존할 목적으로 5만 에이커 이상의 부지를 보호구역으로 지정해 관리하고 있다.

시정부 또한 1973년부터 도시기본계획을 수립하여 살기 좋은 도시로 만드는 데 일조하고 있으며, 1994년부터 전략사업계획을 수립함으로써 살기 좋은 도시로 육성하기 위한 전략적 목표를 설정하였다. 얼바인은 도시건설이 시작된 이후 지역경제발전과 일자리 공급에 바탕을 둔 자족성 그리고 양질의 생활환경을 특징으로 살기 좋은 도시로 성장하였다(변필성·안영진, 2007: 29~40).

9. 문화도시 추진 유형의 다양성

위에서 언급한 문화도시의 추진 과정은 개인주도형, 국가주도 및 기업 협조형, 지방정부 주도형, 기업주도 및 국가 협조형 등

4가지로 나누어진다. 이들은 인구 및 도시 규모, 환경적인 면에서 많은 차이점을 가지고 있다. 쇠락한 도시나 미개발지에서 문화도시로 변모하는 과정 속에서 특정 대상에 의한 주도, 혹은 또 다른 대상과의 협조 안에서 이루어졌음을 알 수 있다.

영국의 헤이온와이 추진과정은 '개인주도형'으로 분류할 수 있는데, 이들은 도시 차원이라기보다는 평범한 작은 시골 마을에서 특정 개인 또는 단체의 주도하에 새로운 아이디어를 도입함으로써 작은 변화를 이루었고, 이것이 자연스럽고 체계적으로 받아들여지면서 발전된 케이스라고 할 수 있다. 헤이온와이는 단지 특정 문화 상품의 전시 및 판매를 위한 장소로가 아닌 책이라는 아날로그적 문화상품을 관광객들에게 각인시키기 위해 마을에서 풍기는 분위기를 강조했다. 마을을 전면 개조하기보다는 자연스럽게 '내 고향, 내 방에 있던 책을 보러 간다'라는 향수를 불러일으켰던 것이다.

프랑스의 랑독 루시옹과 영국의 리버풀, 독일의 라이프치히는 국가주도 및 기업 협조형으로 분류할 수 있다. 이들은 비교적 큰 규모의 도시로서 쇠락한 이미지와 경제상황 극복을 위해 중앙정부 주도로 지방정부와 기업이 협조하여 문화도시를 추진하였다. 랑그독-루시옹과 라이프치히의 경우에는 시행 초기 비판적

견해도 많았지만 지속적으로 발전정책을 시행함으로써 마침내 도시 고유의 브랜드를 창출하게 되었다. 특히 중앙정부와 지방 정부는 민간기업의 규제완화를 통하여 그들의 활동영역을 넓혀주면서 공공의 목표를 함께 성취하도록 하였다.

반면, 라이프치히는 앞의 두 도시와 같이 새로운 인프라 구축에 주력하기보다는 시민들과 함께하는 수많은 이벤트와 '특정 문화 콘텐츠'를 발전시키는 데 주력하였다. 결국 '2008 유럽 문화수도'에 선정된 것을 계기로 문화도시로 자리 잡은 특수한 케이스라고 할 수 있다.

브라질의 꾸리지바, 일본의 가나자와, 그리고 프랑스의 라데팡스는 '지방정부 주도형'으로 분류할 수 있다. 이들은 주로 지방정부 주도 하에서 경관 및 인프라를 구축하는데 주력하였다. 이들 도시는 최우선 목표로 시민들이 문화적으로 질적으로 향상된 삶을 누리는 것에 초점을 두었다. 가나자와는 뛰어난 경관을 지속적으로 유지하면서도 시민들이 그 안에서 창조하고 체험할 수 있도록 많은 문화센터를 설립하였다. 또 꾸리찌바는 도시의 체계적 교통인프라 구축에 힘을 쏟았으나 결과적으로 이는 시민들이 최상의 환경에서 살아갈 수 있게 하는 기반이 되었다. 라데팡스의 경우 비즈니스를 위한 첨단도시를 계획했지만 이것에 그치지 않고 프랑스 시민들의 교통효율의 극대화와 함께 심미성과 역사성을 고려하였다.

미국 얼바인의 경우 '기업주도 및 국가 협조형'으로 분류할 수 있다. 얼바인의 경우는 문화도시 추진 과정이 매우 특수한 경우인데, 민간기업이 먼저 주도하여 특정 지구를 집중적으로 발전시킨 전무후무한 경우이다. 얼바인사는 교외화로 인해 LA가 급속하게 팽창함에 따라 교외지역 개발 수요가 급증하고 있음을 빠르게 인식하여 성공적으로 새로운 형태의 문화도시를 성장시켰다. 후에 정부가 협조하게 되면서 도시 기본계획을 수립하여 얼바인을 살기 좋은 도시로 만드는 데 일조했다.

반대로, 지방자치정부가 문화도시를 주도적으로 추진하다 실패한 사례도 있다. 일본 유바리시가 대표적이다. 1980년대 탄광도시에서 관광도시로 이행 발전을 선언한 유바리시는 역사촌, 석탄박물관 등 대대적인 관광개발로 지역의 부흥을 꾀했다. 하지만 무분별한 사업 확장과 주먹구구식 경영은 유바리를 파산으로 내몰았다. 이 비극의 중심에는 '나카다 데츠시' 전 시장이 있다. 그는 해마다 눈덩이처럼 불어나는 적자액을 매년 은행에서 돈을 빌려 돌려막는, 즉 분식회계로 감쪽같이 사람들을 속였다. 또한 견제와 감시의 의무가 있는 의회는 이를 알지 못했다. 2006년 6월 유바리시는 약 353억 엔의 부채(전체 부채 중 53%가 관광 사업에서 비롯됨)를 지니면서 파산에 이르게 된다.

2007년, 유바리시는 부채를 18년에 걸쳐 갚아나간다는 재건계획을 발표한다. 그 핵심은 세금은 늘리고 지출은 줄이는 것이다. 예를 들어 주민세, 자동차세, 하수도요금, 쓰레기 수거료, 보육세 등이 인상되면서 총 4인 가족 기준 약 16만 5천엔 정도의 세금이 증가하였다. 공공도서관, 화장실, 초등학교, 시립병원 등은 문을 닫거나 축소되었다. 주민들은 빚 때문에 많은 세금을 내야 했지만, 공공서비스는 일본 전역에서 최저 수준으로 떨어지게 된다. 이를 견디지 못한 사람들은 유바리시를 떠났다. 결국, 잘못은 지자체가 했지만 이에 따른 책임과 부담은 고스란히 주민의 몫으로 돌아갔다.

제3부

한국 문화도시의 분석

11 한국 문화도시의 발전

1. 한국의 지역발전과 문화도시

세계화에 따른 지역 간 경쟁 심화는 국가를 초월한 보편적인 현상이지만, 한국의 경우 이에 더해 90년대 중반에 시행된 지방자치제가 도시 및 지역 간 경쟁을 더욱 가속화시켰다. 국가라는 칸막이는 국가 간 경제활동의 이동에 대한 조절 기능을 감소시킴과 동시에, 지방의 자율성도 증가하고 있다(김현호, 2009:17).

지역의 부상과 함께 이들 간 경쟁에서 문화적 중요성이 그 어느 때보다 중시되면서 지방의 문화도시화는 더욱 활발해졌다. 문화도시 건설 초기의 흐름은 풍부한 물적 자원 즉, 문화재 등 볼거리를 중심으로 한 관광 중심형이었다. 대부분 단기간 일회성

관광 수입을 주목적으로 하였다.

하지만 지금은 다른 양상을 보이고 있다. 대부분의 중소도시는 적은 인구와 대도시에 비해 턱없이 부족한 물적 자원을 소유하고 있다. 이러한 도시들의 문화도시로의 변모 과정을 보면, 대부분 부족한 하드웨어 부분을 새로 보강하는 것에 집중하기보다 자신들이 본래부터 가지고 있는 장점들을 되살리고 있다. 역발상적으로 낡고 보잘것없지만 감성적이며 또는 새롭지만 일상적인 문화자원을 이용하여 이목을 끌고 있다. 도시의 외형적 발전보다는 그 안에 자리 잡고 있는 문화자원과 공동체를 중심에 두는 내적 진화 과정을 겪고 있는 것이다.

2. 한국의 문화도시 유형 분류

한국의 문화도시를 발전적 시각에서 유형별로 구분하면 다음과 같다.

첫 번째 유형은 가장 보편적인 '장소 판촉(place marketing)' 수단으로서 관광 기반의 지역축제 도시를 들 수 있다. 우리나라 문화 관련 시설은 대부분 수도권에 집중되어있지만, 유일하게 집중되지 않은 문화 인프라라고 할 수 있는 것이 바로 지역축제이다. 지역축제는 축제 자체의 수익성에 초점을 둔 민간 축제와 달리

지역발전 전략의 하나로 사용되고 있다(제갈돈 외, 2006). 근본적으로 지역축제는 지역사회의 문화적 정체성에 그 기반을 두고 있으며, 지역주민들의 적극적인 참여가 전제된다면 지역 공동체 의식의 함양을 통한 지역발전에 이바지할 수 있는 계기로 이용될 수 있다(김성혁 외, 2000).

이러한 축제에 대한 긍정적 인식하에 1996년부터 전국의 지자체들은 지역관광의 활성화를 목적으로 지역축제를 경쟁적으로 개최하였다, 현재 약 1,000여 개 지역축제의 70%가량이 비수도권에서 매년 개최되고 있다. 가히 '축제의 사태'라 할 수 있다. 문화관광부는 매년 현장 평가와 전문가 심사 등 객관적 평가 하에 약 60여 개의 축제를 '문화 관광축제'로 선정하고 있다. 이 평가지표는 '대표축제', '최우수축제', '우수축제', '유망축제', '예비축제'로 축제를 나눈다. 2009년 한해의 경우 '보령 머드축제'와 '안동 탈춤축제'가 대표축제로, '춘천 마임축제', '금산 인삼축제', '천안 흥타령축제', '김제 지평선축제', '강진 청자문화제', '함평 나비축제', '진주 남강축제', '하동 야생차문화축제' 등이 최우수축제로 선정되었다.

대부분 지역축제들은 짧은 기간 안에 한정된 공간 안에서 일시적으로 많은 인적 교류가 이루어지고, 축제가 끝나면 모든 것이

순식간에 사라진다. 그러므로 지역축제의 긍정적 영향력은 장기적인 관점에서 보면 불확실성을 내포한다. 반면 '대표 및 최우수축제'로 선정된 지역축제들은 평균적으로 10년의 역사를 가지며, 관광을 중심으로 체험, 예술, 전통, 특산물 등을 주제로 삼고 있다. 성공한 축제는 예비 축제에서부터 세밀한 기획과 지속적인 연구를 바탕으로 축제를 진화시키면서 지역의 외적 발전뿐만 아니라 지역의 가치 또한 함께 증가시키고 있다.

보령 머드축제의 경우 '머드'라는 차별화된 주제와 해변에서 개최되는 역동성이 결합하면서 내국인뿐만 아니라 외국인이 가장 많이 참여하는 대표적인 체험 축제로 발돋움했다. 보령 머드축제는 '일회성' 축제에서 벗어나 '머드'를 이용한 다양한 머드 상품을 개발하면서 직접적인 경제적 이익뿐만 아니라 우리나라 최초로 중국으로 축제 수출을 이루어 내는 등 가장 성공적인 축제로 자리매김 했다. 또한 함평 나비축제는 지역과 크게 관련이 없는 '나비'를 내세웠지만 차별화된 콘셉트와 운영으로 역발상의 기지를 발휘했다. 이러한 역발상은 다양한 축제 프로그램에만 머무르지 않고 '나비엑스포', '나르다 브랜드 개발' 등 확산전략을 통해 지속적인 발전을 이루어내고 있다. 지역축제의 중요한 성공 요소인 '대체 불가능한 특징'을 지니면서 경쟁력을 갖춰가고 있는 것이다.

두 번째 유형은 도시의 소비적 차원을 벗어난 '생활기반' 문화공간도시를 들 수 있다. 대표적인 예로 '통영 동피랑 벽화마을'과 '부산 보수동 헌책방 골목' 등이 있다. 철저한 계획 하에 대규모로 치르는 지역축제 인프라에 비해 매우 보잘 것 없어 보이지만 그곳에는 오랜 세월과 함께 한 사람들의 정취가 있으며 사람들의 소통이 존재한다. 여기에 새로운 문화공간 활용이 더해지면서 더 이상 과거의 공간만이 아닌 현재 그리고 미래의 공간으로 탈바꿈하게 되는 것이다.

'부산 보수동 헌책방 골목'의 경우 6·25전쟁으로 부산에 각 대학 분교가 들어서고 피란민들이 넘쳐나면서 책 수요가 급격하게 늘어 전성기를 맞았던 곳이다. 세월이 흘러 그 명성이 날로 퇴색되어 갔지만 책방 주인들이 상가 번영회를 만들어 '보수동 책방 골목축제'를 개최하는 등 옛 명성을 되찾기 위해 움직였다. 국내 유명 그라피티 작가들을 초청해 책방 여닫개(셔터)에 '꿈과 젊음, 자유'를 주제로 그림을 그리도록 하는 등 새로운 문화공간으로 변화를 시도했다.

'동피랑 벽화 마을'은 철거 예정지였다. 하지만 한 민간업체의 제안으로 시작된 벽화 그리기로 가난한 달동네는 '한국의 몽마르트르'로 명칭을 바꿔 달았다.

마지막 유형은 가장 진화된 한국의 문화도시 유형으로, 외부와 토착민이 자유롭게 소통하는 문화 기반의 지역공동체를 들 수 있다. 대표적인 예로 '월선리 예술인촌'이 있다. 무안군 승달산 남쪽 자락에 위치한 월선리 예술인촌은 도예가 김문호 씨의 입주를 시작으로 20여 명의 예술가들이 작업과 거주를 위해 자연스럽게 터를 잡으면서 형성된 예술촌이다. 월선리 예술인들은 개인적 창작 활동뿐만 아니라 지역의 자생 조직인 청년회, 부녀회 등에서 자발적으로 활동하면서 마을의 다양한 축제와 행사를 함께 구성하고 있다. 이러한 노력의 결과로 작은 농촌 마을은 연간 5만 명의 관광객을 수용하면서 지역 활성화의 본보기가 되고 있다. 농지면적이 턱없이 부족한 형편인데도 타 농촌지역과 다르게 월선리의 인구수와 세대수가 증가세로 돌아서고 있다. 대도시가 갖추지 못한 쾌적한 환경과 좋은 공기 등의 환경적 이점은 지방 중소도시가 갖고 있는 좋은 조건이다.

우리나라의 예술촌 형태는 예술인의 순수한 작업 활동을 지원하기 위해 짓는 경우가 대부분이다, '헤이리 아트센터'의 경우 철저한 계획하에 만들어진 종합예술단지로 예술인들의 창작활동만이 있을 뿐 외부와의 교류는 거의 부재하다. 이는

'양평 예술가 마을'도 크게 다르지 않다. '지례 예술촌'은 초기에 예술촌으로 시작하였으나, 현재는 주로 한국의 전통문화를 체험하는 관광지로서 명맥을 이어가고 있다. 그런 의미에서 월선리는 공동체를 지향하는 문화도시가 궁극적으로 가야 할 방향을 보여주는 좋은 본보기라 할 수 있다.

12 관광 중심의 축제 문화도시

1. 전통·체험으로서의 축제

축제 관광 형태가 공급자 위주에서 수요자 중심의 관광으로 급격하게 변화하면서 축제는 단지 보는 것에서 직접 만지고 만들어가는 체험적 요소가 강조된다. 이러한 변화는 전통축제도 다르지 않다. 축제에서 체험 프로그램이 중요하게 여겨지는 것은 방문객들이 다양한 체험을 통해 자기 계발 및 자아실현, 학습과 즐거움을 얻으려는 욕구 때문이다. 체험 프로그램의 특징을 살린 축제는 그 생명력 또한 길다.

1) 보령: 머드와 웰빙 트렌드와의 조화

관광객의 지역 분산화와 외국인 관광객 유치라는 목표를 가장 잘 달성하고 있는 보령 머드축제는 단순 관람형이 아닌 머드 마사지, 머드 슬라이딩 등 모두 체험행사가 주를 이룬다. 문화 관광 대표축제로 2번 연속 선정되면서 상당한 경험과 인지도를 축적하였다.

보령 머드축제의 중심 요소라 할 수 있는 '보령 머드'는 보령 바다 진흙이 피부미용과 피부노화 방지에 효과적이라는 것을 과학적으로 입증하면서부터 주목받았다. 보건복지부로부터 규격 허가를 받고, 1996년 7월부터 본격적인 보령산 머드제품 생산을 시작했다. 그러나 홍보와 마케팅 전략의 부재로 머드 화장품이 소비자의 관심을 끌지 못하자 보령시는 만세보령문화제에서 착안한 머드축제를 1998년 대천해수욕장에서 처음으로 진행하게 된다. 행정기관 리더의 노력과 혁신역량이 지역경제 활성화에 어느 정도 영향을 미치는지 보여주는 대표적인 사례가 됐다. 머드제품 개발에서부터 홍보까지 관련 업계와 연구소와의 긴밀한 협조를 통해 지역발전을 이끌어낸 것이다(이성혜, 2006).

그러나 축제가 관 주도의 한계를 벗어나지 못하고 있는 것이 약점이다. 주무 부서 담당자가 바뀔 경우 사업의 연속성과 안정성이 흔들릴 위험이 있고, 한편으로는 관성적인 축제 운영으로 나아갈 수도 있기 때문이다(보령 머드축제추진위 2004: 이각규, 2006).

한편 보령 머드축제는 기획과 홍보, 프로그램 구성을 한층 업그레이드시켜 중국에 수출하기도 했는데, 한국 축제의 첫 외국 수출이라는 점에서 의미가 깊다.

2) 안동: 전통의 국제화

안동지역은 유무형의 많은 문화재가 시대별로 다양하고 불교, 유교, 민속, 무속 등이 지역 곳곳에 산재되어 있다. 매년 안동지역 관광을 위해 수많은 관광객이 방문하고 있다. 1990년대 연평균 관광객 증가율은 19.2%로 급격한 증가세를 보여 왔으며, 특히 1999년, 엘리자베스 2세 영국 여왕의 안동 방문을 계기로 국내외적으로 관심이 고조되면서 '가장 한국적인 곳'으로 이미지를 구축하였다. 정부 차원에서 안동을 중심으로 한 경북 북부 유교 문화권 관광개발 프로젝트에 대규모 자금이 투자되고, 2004년 세계역사도시연맹에 가입하면서 안동은 세계적인 역사, 문화의 고장으로서 위상을 공고히 하게 되었다. 특히 하회탈 (국보 제12호)을 쓰고 마을의 안녕과 풍농을 기원하는 별신굿 행사를 재연하는 하회별신굿탈놀이(중요무형문화재 69호)에서 시작한 '안동 국제 탈춤페스티벌'은, 1997년 개최 이래 2000년 최우수 문화축제로 선정되었으며, 현재는 '대표 문화축제'로 성장하였다.

안동 국제 탈춤 페스티벌의 소재인 '탈춤'은 인간과 자연, 인간과 신의 문제를 주술적으로 해결하려는 제(祭)의식 행위에 바탕을 두고 있다. 국제 축제화의 가능성도 높이 지니고 있다(남치호, 2003).

축제 개최시기는 해마다 9월 마지막 금요일에 시작하여 10월 첫째 일요일에 끝나며 10일간 지속된다. 안동 시내 전 지역에서 펼쳐지는 축제는 탈춤행사, 민속행사, 부대행사 등으로 나뉜다. 축제 하이라이트는 탈춤행사이며, 유명 탈춤단체는 거의 참여할 뿐만 아니라 상당수 외국단체들도 참여한다(이윤희, 2003).

축제는 기획 단계부터 민간을 참여시켰다. 지역민으로 구성된 축제 추진위원회의 4개 집행 분과 위원장과 간사 및 안동시 문화관광 과장으로 구성된 축제 집행 위원회가 기획함으로써 문화기획사 의존에서 벗어나고 있다(남치호, 2003).

국제 탈춤페스티벌을 통해 안동지역은 지역주민의 삶과 문화의 질을 향상시키고 지역주민의 참여의식 제고 및 심리적 유대감을 공공이 하는데 기여할 뿐만 아니라, 지역경제 활성화도 도모하고 있다.

3) 강진: 청자를 품다

강진읍에서 약 18km 정도 떨어진 곳에 고려 초 10세기부터 14세기까지 약 400년간 고려청자를 굽던 도요지가 있다. 12세기경 청자의 비색을 완성한 시기의 대표적 명품 중 80% 이상이 강진산으로 인정되고 있으며, 전국적으로 400여 개의 청자 가마터 중 200여 개 가마터가 강진에 밀집되어 있다. 중국에서 먼저 발달된 청자문화가 어느 지역보다 빠르게 강진지역에 유입되어 고려청자의 밑거름이 되었던 것은 교류가 용이한 지리적 요인에서 그 이유를 찾을 수 있다(곽대진, 2000).

강진군은 청자의 발상에서 쇠퇴기까지 약 500년 간 청자 문화를 꽃피운 자긍심을 대내외에 알리면서, 지역민의 화합을 도모하기 위해 1996년 '금릉 문화제'를 청자문화제로 명칭을 개칭하여 행사를 개최하였다(이연주, 2009). 강진청자 문화제는 2002년 문화관광 축제 최우수축제로 선정되었으며 이후 연달아 최우수축제로 지정되었다. 축제 기간에는 주로 평상시에 볼 수 없었던 유명 작가들의 도예 작품을 감상할 수 있으며, 청자를 할인된 가격으로 구매할 수도 있다. 특히 '상설 물레 체험'과 '모자이크 체험', '어린이 박물관', '강진만 관광 선상 체험' 등 다양한 체험 프로그램을 구성하면서 가족단위 관광객들의 관심을 끌었다. 축제 프로그램은 기획사에 위탁하는 것이 아니라 축제만을 위해서 일하는 공무원들로 구성된 '축제경영 팀'이 전담하여 준비한다.

4) 천안: 해외 벤치마킹 성공 사례

천안은 1987년 '천안삼거리 흥타령 문화제'라는 이름의 축제를 처음 시작했다. 제4회 축제부터 '천안삼거리 문화제'로 변경된 뒤 지역을 대표하는 축제가 되었다. 그러나 지방자치제 시행이후 타 지역의 축제가 눈에 띄게 달라지는데 비해, 천안삼거리 문화제는 변화에 적응하지 못하면서 비판 여론이 높아졌다. 이에 천안지역 시민단체인 '천안시민 포럼' 주관하에 2003년 세미나를 개최하고, 기존의 천안삼거리 문화제를 폐지하고 일본의 '요사코이 소란 마쯔리'를 모델로 한 경연 위주의 춤 축제로 변화하자는 의견이 나오게 된다. 축제전문가들과 문화예술인 등으로 천안삼거리 문화제 개선 준비단[7명]이 구성되었으며, 그 해 6월 천안시장을 비롯한 관계자들 12명이 일본 삿포로에서 열리는 '요사코이 소란 마쯔리'를 참관하게 된다. 참관 이후 축제가 성공할 수 있다는 확신을 공유하게 되었고, 2003년 10월 2일부터 10월 4일까지 3일 동안 42개 팀이 참가한 가운데 변화된 '천안 흥타령 축제 2003'이 개최 되었다(홍승덕, 2008:60-72).

'천안 흥타령 축제'는 천안삼거리의 고유 정서를 살린 천안흥타령의 춤 노래 의상을 테마로 하는 경연형태의 춤 축제로, 전국 유일한 대형 춤 경연장이기도 하다. 이후 축제 규모가 점점 커졌으며, 2006년 '예비축제'에 지정된 이후 2007년 '유망축제' 2008년 '우수축제'에 이어 2009년에 이르러 최우수축제 반열에 오르게 되었다. 초기에는 천안 아산 지역에 연고를 둔 학교, 기업체, 지역사회의 각종 단체 등이 중심이 되어 팀을 만들어 참가하였으나, 축제의 인지도가 높아지면서 자연스럽게 전국 각지에서 참가자가 모여들었으며, '자유무대'를 구성하면서 다양한 사람들의 참여가 이루어지고 있다.

2. 지역 자원으로서의 축제

현대사회에서 공간은 지리적, 물리적 장소로서뿐만 아니라 지역 고유의 분위기(ambience) 즉, 아우라가 깃든 곳을 의미한다. 이러한 공간의 분위기는 개인의 삶의 과정에 자연스레 스며들어 문화적 자본으로 전화된다(궁선영, 2009).

이러한 공간적 분위기는 지역축제를 구성에 있어 큰 역할을 한다. 예를 들어 춘천 마임축제의 경우, 춘천시의 청정 자연환경, 서울과의 인접성이라는 환경적 요소와 더불어 소양제, 인형극제,

연극제, 닭갈비 축제 등 다양한 축제가 열리면서 춘천지역 특유의 토속적이면서도 예술적인 분위기와 잘 어울렸다.

삼한시대부터 한결같이 이어져온 농경문화의 이미지를 활용한 '김제 지평선 축제'와 '밤'이라는 시 공간적 무대를 통해 차별화에 성공한 '진주 남강 유등축제' 등도 마찬가지 경우라 할 수 있다.

1) 춘천: 지역적 분위기가 준 선물

춘천시에서 개최되고 있는 도시 축제 및 문화예술행사는 모두 10여 개에 달한다. 1966년부터 개최된 소양제 등 지역주민을 위한 축제를 비롯하여 춘천 마임축제, 춘천 인형극제, 춘천 국제 연극제 등 공연 예술 축제와 춘천 막국수 축제, 춘천 닭갈비 축제 등 지역적 특색을 살린 축제도 개최되고 있다.

그중 춘천 마임축제는 춘천의 대표적 축제로 자리 잡았다. 2007년의 경우 국내 130여 개 극단과 해외 9개국 12개 극단이 참가하면서 아시아 최대 마임축제로 발돋움했으며, 프랑스 미모스 마임축제 및 영국 런던 마임축제와 어깨를 겨룰 정도로 성장하였다. 춘천 마임축제는 1989년 춘천 MBC가 서울에서 열린 한국마임페스티벌 초청공연을 그해 11월 춘천에 유치하면서 연례적으로 열리게 되었다. 당시 마임페스티벌 개최 장소를 춘천시로 정한 이유는, 춘천시의 청정 자연환경, 서울과의 인접성, 조용하고 깨끗한 춘천의 기존이미지가 중요한 결정요인이 되었다.

춘천 마임축제 역사는 크게 3기로 구분할 수 있는데 제1기는 1989년 제1회 한국마임페스티벌부터 1993년 제5회까지로 볼 수 있다. 이시기는 '축제'라기 보다는 매년 1회씩 개최되는 한국 마임의 발표장이었으며, 주로 극장 중심의 공연들로 구성되었다.

제2기는 1994년 제6회 한국마임페스티벌부터 1997년 춘천 국제 마임축제까지이다. 제7회 축제부터 춘천 국제 마임축제로 명칭을 바꾸면서 캐나다, 홍콩, 인도, 일본, 네덜란드, 러시아 등 해외 6개 공연단의 참여가 이루어져 국제행사로서 성격을 갖추게 되었다. 또한 프로그램 구성에서도 극장공연뿐만 아닌 특별초청 공연, 길놀이, 전야제, 마임강습회, 야외무대, 거리 공연 등 다양한 프로그램이 진행되는 축제의 모습을 갖추게 되었다.

제3기는 1998년 제10회 축제 이후부터 현재까지이다. 1998년 처음 도깨비 난장 프로그램이 시작되면서, 2000년 제12회 축제부터 도깨비난장과 연계된 도깨비 열차 관광 등 관련 상품을 개발하여 공연예술의 문화관광 상품화를 추진하였다. 또한 주말에는 고슴도치 섬을 중심으로 한 축제를 기획해 일반 관객과 마임 애호가를 동시에 붙잡았다(이수리, 2005).

한편 2002년에 다시 춘천 마임축제로 명칭을 변경하면서, 특히 운영위원회 혹은 조직위원회 등의 임의 단체 조직체계를 벗어나 사단법인 춘천 마임축제를 탄생시켜 문화예술 전문법인 지정을 받는 등 보다 체계화된 조직을 갖추게 되었다. 이에 따라 자유롭게 기획하고 프로그램을 편성할 수 있게 되었으며, 특히 춘천시 자체 기획인력들에 의해 축제가 기획 운영되면서 축제 노하우를 축적하고 있다.

2) 김제: 지평선의 자원화

"넓은 들녘은 어느 누구나 기를 쓰고 걸어도 언제나 제자리에서 헛걸음질을 하고 있는 것 같은 착각에 빠지게 만들었다." 소설가 조정래는 대하소설 <아리랑>에서 김제·만경 평야를 이렇게 표현했다. 실제로 이 평야는 전국에서 유일하게 지평선을 볼 수 있는 곳이다.

김제는 일찍이 삼한시대에서부터 쌀농사가 시작된 곳이다. 백제 때 지명이 벽골(碧骨)이었는데 볏골(벼의 고을)을 한자로 적은 것이라는 설이 있다. 그리고 부량면 원평천 하류에는 백제인들이 쌓았다는 저수지 벽골제(국가사적 111호) 유적이 남아 있기도 하다.

현존하는 고대 저수지로는 세계 최고, 최대의 수리시설인 벽골제는 일제 강점기에 벌인 대규모 수로 공사 탓에 크게 망가진 채 지금은 둑 일부와 제2수문 장생거, 제4수문 경장거 등 수문 2개만 남아 있다.

김제는 도농복합도시의 형태를 띠고 있으나, 인구의 70% 정도가 농업에 종사하고 있는 농촌지역이다. 지평선축제는 '농경문화축제'라는 포지션을 설정하고, 7개 분야 77개 프로그램, 9개 '마당'으로 짜인 다양한 농경 체험 프로그램을 구성하면서 '지역 정체성 확립과 관광수익 창출'이라는 두 가지 목표를 추구하고 있다. 특히 대부분 지역에서 특산품이나 유 무형 문화재 등을 소재로 축제를 기획할 때 지평선 축제는 농경문화를 중심으로 체험관광을 시도했다는 점에서 좋은 평가를 받고 있다(이정현, 2005).

5년 연속 전국 최우수축제로 선정되기도 하였으며, 축제가 활성화되면서 농경문화박물관과 테마 연못이 조성되었다. 그 외 아리랑문학관과 우도농악관 등 농경문화 역사와 관련된 시설이 들어섰다. 지평선축제를 직접 체험한 세계축제이벤트협회(IFEA)의 샬럿 디 위트(Charlotte De Witt)회장은 "지평선축제는 5,000년 한국 농경문화 중심지인 김제의 벽골제 저수지 공원에서 치러지는, 위대한 한국농업의 전통을 보여주는 대표적인 관광산업형 축제"라고 평가했다.

3) 진주: 밤의 축제

진주 남강 유등축제는 임진왜란의 진주성 전투에 기원하고 있다. 1592년 진주성 전투 시 밤에 등불로 신호를 보내 성 밖의 의병과 함께 남강을 건너려는 왜군을 공격했다. 등불은 원래 진주성 내에 있는 병사와 사민들이 먼 곳에 있는 가족에게 안부를 전하는 통신수단으로 이용한 것에서 비롯되었다. 1593년 12만 왜군에 의해 진주성이 함락되고 7만여 명의 병사와 사민이 순절한다. 이후 이들의 얼과 넋을 기리는 행사로 이어졌으며, 오늘날 진주 남강축제로 자리 잡게 되었다(이호근, 2007).

이후 진주 남강 유등축제는 2006년부터 2009년까지 4년 연속 최우수축제로 선정되는 등 우리나라 대표적인 축제로 자리매김 하게 되었다. 특히 2008년 축제의 경우, 축제 사상 최대의 인파인 316만 명이 방문하였으며 외지인에 의한 지역경제 파급효과도 큰 성과를 거두었다(CNB뉴스, 2008. 12). 축제는 진주시와 진주문화 예술재단에서 주최하며 민간인으로 구성된 진주 남강 유등축제 제전위원회에서 주관하고 있다. 진주 문화예술재단은 축제기획과 실행, 진주시는 행 재정적 지원과 홍보를 담당하면서,

축제의 기능과 역할을 분리하여 민관이 협력하여 축제의 기획과 준비과정, 축제 실행이 추진되고 있다. 또한 읍면동 상징등 제작 및 거리 퍼레이드, 소망등 달기, 창작등 만들기 및 전시 등의 프로그램에는 지역민이 직접 참여하고 제작함으로써 민관이 협력하여 축제 프로그램을 운영하고 있다(이호근, 2007).

대부분의 축제가 낮에 펼쳐지는데 반해, 진주 유등축제는 해가 진 뒤 유등에 불을 밝히면서 시작해 새벽 2시까지 펼쳐지는 '밤의 축제'이다. 다른 문화관광축제와 다른 뚜렷한 차별성을 확보한 것이다. 개천 예술제를 비롯하여 진주 실크페스티벌, 진주 세계의상페스티벌, 진주 민족 소 싸움대회, 한국드라마 축제 등 지역 내 다른 프로그램을 축제 기간 중에 개최함으로써 야간 시간대에 프로그램이 집중된 유등축제의 단점을 보완하였다.

3. 지역브랜드로서의 축제

지방자치시대가 열리며 자기 지역만의 '정체성'을 강조하기 위한 수단으로 지역 브랜드는 활용된다. 지역의 정체성(Identity)은 특정 지역이 그 지역다움뿐만 아니라, 다른 지역과 차별화 된, 유일함이 있어야만 비로소 구체적으로 나타날 수 있다. 이러한 지역 정체성은 지역 자체가 가지고 있는 속성이라기보다는 그 지역이 갖고 있는 이미지에서 비롯되었다고 할 수 있다. 즉, 지역의 정체성은 지역 이미지라는 표현을 통해 구체화된다(한국문화예술진흥원 문화발전연구소, 1992:23). 이러한 지역 브랜드화의 성공적인 예로 고려인삼의 종주지에서 펼쳐지고 있는 '금산 인삼축제'와 새롭게 녹차의 명소로 떠오른 '하동 야생차 문화축제'를 들 수 있다. 지역과 전혀 연관성이 없는 '나비'를 소재로 새로운 이미지 창출에 성공한 '함평 나비축제' 또한 눈여겨 볼만하다.

1) 금산: 산업과 축제의 결합

금산은 인삼이 지역경제의 80%를 차지하는 곳답게 매년 9월경 10일간 금산 인삼축제를 개최하고 있다. 1981년 시작된 금산 인삼축제는 지역경제 파급효과를 이끌어내면서 전국 최우수 '산업형 관광축제'로 그 위상을 굳혔다. 금산 인산축제는 무엇보다 고려인삼 중추지로서 전통적인 인삼 산업의 이미지와 국내 최대 인삼 약초시장이라는 자연적 요소를 최대한 활용하여 지역 이미지를 창출하고 있다. 또한 생산·유통이라는 단순 산업구조에서 벗어나 바이오, 헬스, 케어 등과 연계한 첨단가공 및 관광 서비스 산업과의 융합으로 새로운 지역발전 모델을 제시했다. 즉 축제를 계기로 인삼을 활용한 새로운 상품을 개발해 수준 높은 먹거리를 제공함으로써 독창적인 지방문화의 발굴을 가능하게 한 것이다.

또한 외부의 인적네트워크를 적극적으로 활용하는 새로운 전략도 긍정적인 효과를 거두었다. '금사모(금산을 사랑하는 사람들의 모임)'는 순수하게 외지인만으로 구성된 단체인데, 이 모임의 구성원은 교수, 공무원, 언론계 종사자 등 다양하며 금산 발전을 위해 금산군청과 긴밀히 협력하고 있다. 이러한 노력 덕분에 금산은 농촌경제의 새로운 발전모델로 평가받고 있으며, 지역혁신을 위한 대표적인 인적네트워크의 성공사례로 평가받고 있다(이성혜, 2006:71-76).

2) 함평: 축제의 마케팅화

함평군은 외부 관광객을 유인할 수 있는 유명한 관광지 및 관광자원이 부재한 곳이었다. 1996년부터 전국의 지자체들이 지역관광 활성화를 목적으로 축제를 경쟁적으로 개최할 때도 함평군은 이렇다 할 축제를 발굴하여 상품화하지 못했다. 농가 인구의 감소와 고령화로 지역경제가 침체된 함평군은 농가 소득증대를 위한 획기적인 방안이 필요했다. 그리고 지역의 새로운 이미지를 구축하여 장소 마케팅을 통한 지역경제의 활성화 및 농산물의 판촉 전략도 필요했다.

이러한 목적하에 함평군은 1999년 부지 약 6km 구간에 유채를 파종하고, 농경지 800만 평에 자운영을 파종, 비닐하우스로 생태관을 조성하여 제1회 나비축제를 개최하였다. '나비'는 도시화와 산업화로 인해 사라져가는 자연환경의 상징이다. 곤충과 자연의 신비를 배우고 체험할 수 있는 지역 이미지를 확립하여 생태적 환경적으로 건강한 농촌이라는 지역적 이미지를 만들었다. 축제 발굴의 일반적인 모듈에서 벗어나 지역의 고유한 자원과 전혀 관계없는 나비를 축제의 주제로 선정함으로써 다른 지역과는 다른 특이성을 갖게 되었다.

2008년에는 '함평 세계 나비 곤충 엑스포'가 개최되었는데, 유료 입장객 18만 8,000여 명을 비롯해 관광객 40여만 명이 다녀갔다. 지역경제에 큰 보탬이 됐음은 물론, 함평군의 대표 상징물인 '나비'의 이미지를 이용한 '나르다'라는 브랜드를 개발했다. 함평군은 나르다 브랜드의 성공을 위해 일반 시중 상품과 차별화할 수 있는 경쟁력을 갖추는 한편 적극적인 마케팅 활동을 전개했다. 노무현 전 대통령이 전국경제인연합회에서 히딩크 넥타이(군에서 생산한 넥타이 이름)의 우수성을 강조한 데 이어 히딩크, 코엘류 등 전 월드컵 축구 국가대표 감독들이 나르다 넥타이를 착용케 함으로써 일반인의 시선을 끌었다.

축제의 기획에서 집행에 이르기까지 모든 과정에 지역주민, 공무원, 지역 내 다양한 사회단체 참여가 축제가 성공적으로 자리 잡는데 일조했다(김현호, 2009:39). 주제의 독창성과 다양한 프로그램 개발에 힘입어 함평군은 낙후된 농촌에서 탈피하여 친환경적 생태 농업지역이라는 새로운 지역사회의 이미지를 갖게 되었다(이정록, 2006).

3) 하동: 스토리와 산업의 결합

경남 하동군에서 자라는 야생차는 '왕의 녹차'라 불린다. 삼국사기에 따르면, 당나라 사신으로 간 김대렴 공이 당의 문종 왕에게 선물로 받은 차종을 가져와 신라 흥덕왕에게 바쳤다는데, 왕은 이를 지리산에 심도록 명했다. 이후 쌍계사가 지어지면서 국내에 차 문화가 퍼지게 됐다(부산일보, 2008). 하동군은 차가 처음 뿌리내린 하동을 한국 차의 메카로 내세우며 전통 수제녹차라는 점과 임금님께 올렸던 진상품 등이라는 사실을 널리 알리는데 주력했다.

지자체로는 처음으로 미국의 대표 뉴스채널인 CNN에 'a rare tea fit for a king'(왕에게 바쳤던 귀한 녹차)이라는 내용의 광고를 내보내고 서울지하철과 공항, 대도시 도로변 전광판에도 광고를 냈다.

2007년 '하동 야생차 문화축제'는 "왕의 녹차, 이젠 당신이 왕입니다"라는 슬로건으로 개최했는데, 예년보다 2배 이상 많은 78만 명의 관광객이 몰리는 성과를 거두었다(한국일보, 2007).

하동 지역 야생차는 다른 차와 다르게 인공재배 차가 아닌 야생차이다. 자갈이 많고 배수가 잘되는 양토의 토질과 산이 높고 계곡이 깊으며 수확시기에 일교차가 커 차 맛을 좋게 하는 최상의 기후조건을 갖추고 있다.

1996년 이후, 매년 5월경 축제를 연례행사로 개최하고 있는데, 주로 녹차산업 살리기에 중점을 둔 축제는 차 시배지 등 지역 내 10개 녹차마을 일원에서 체험행사가 열리면서 관광객들의 적극적인 축제참여를 유도한다(부산일보 2008.08). 축제 체험프로그램은 주로 차 만들기, 녹차 마사지, 차 사발 만들기, 어린이 차 예절 경연대회, 청소년 차 예절 시연 등의 프로그램 운영으로 야생차에 대한 흥미를 유발하면서 관광객의 축제 만족도를 높이고 있다(이호근, 2007). 일반 축제장에서 흔히 사용하는 일명 몽골부스를 없애고 설치미술 형식을 도입한 세트형 부스를 설치하면서, 깔끔하고 색다른 분위기의 축제장을 연출해 좋은 평가를 받고 있다. 예절 경연대회에 유럽과 아프리카 등 세계 30개국의 외국인을 참가시키면서 야생차 문화축제를 세계에 알리고 있다.

13 생활기반 중심의 문화도시

'생활기반' 문화공간은 새로운 문화도시 발전의 거점이다. 자기가 사는 곳이 결국은 자신의 정체성을 표현하는 곳이고 그곳이 당연히 문화도시의 중심이 되기 때문이다. 특히 개인은 자신의 주택이나 가게를 오랫동안 소유함으로써 자기 삶의 중요한 영역을 통제할 수 있다. 주택은 존재론적 안전의 원천인 곳이다(Saunders, 1984:203).

도시의 사회적 생활을 규정하는 것은 생산 부문이 아닌 소비 부문이며 주택과 가게의 소비도 그 일부분이다. 주택과 가계가 심미적으로 격상되면 주민들도 도시의 새로운 주체로 부상된다. 단순히 자신의 집과 가계에 매몰된 객체적 소비자가 아니라 스스로를 표현하고 말하는 주체가 되는 것이다.

한국의 문화도시에서 이를 잘 실천한 예로 '통영 동피랑 벽화마을'과 '부산 보수동 헌책방 골목'을 들 수 있다. 이 두 공간은 화려한 볼거리와 체험을 무기로 하는 지역축제와 달리 외적인 면에서 매우 초라하다. 본시 이곳은 낡은 집들이 다닥다닥 붙어 있었다. 하지만 오랜 세월 동안 쌓인 먼지와 함께 추억과 정취 또한 쌓였다. 새로운 심미적 차원의 변화를 수용하며 예전의 향취를 찾아 온 사람들과 소통을 하고 있는 것이다.

1. 통영 동피랑: 달동네에서 한국의 몽마르트르로 변한 벽화마을

경상남도 통영시 동호동과 태평동에 걸쳐 형성된 동피랑 마을은 슬레이트와 시멘트 블록으로 지은 판잣집 50여 채가 다닥다닥 붙어 있는 대표적인 달동네이다. 경상도의 억센 억양 때문에 '벼랑'이 '피랑'으로 변해 고유명사로 굳혀진 '동피랑'은 말 그대로 동쪽 끝의 벼랑이다. 일제 강점기 시절 이 벼랑 끝에 통영항과 중앙시장에서 인부로 일하던 집 없는 외지인들이 기거하면서 마을을 형성했다. 6·25전쟁과 산업화, 1980~1990년대를 거치면서 많은 주민이 거쳐 갔지만 여전히 고달픈 달동네를 벗어나지 못하고 있었다. 한 세기 동안 세상으로부터 철저히 외면

받던 이 달동네는 철거 예정지였다. 통영시는 애초 이곳을 철거하여 통영성 동포루를 복원하고 주변을 정비하여 공원을 조성하기로 했다. 그러나 당시 마을 만들기 사업을 벌이고 있던 민·관 협의체인 한 시민단체가 미대재학생들과 일반인을 대상으로 벽화 공모전을 연 이후 상황이 바뀌었다. 벽화 작업 이후 동피랑마을은 초·중학생들의 글짓기, 사생대회, 문화답사 등 문화행사 공간으로 주목받기 시작했던 것이다. 전국에 '한국의 몽마르트르'라고 입소문이 나면서 평일에는 하루 평균 40~50여 명, 금요일을 포함한 주말에는 200명 이상씩 찾게 되자 마을을 보존해야 한다는 목소리가 높아졌다. 결국 통영시는 동포루 복원에 필요한 마을 꼭대기 집 3채만 철거하고 나머지는 보존하기로 계획을 변경했다.

최근에는 낡은 집을 사들여 화가·소설가 등에게 싼값에 임대하는 예술가촌으로까지 프로그램을 확장하고 있다. '지방 공공미술 프로젝트'는 동호인들이 자발적으로 지역 소외계층과 함께 공동체를 형성하는 데 초점을 맞추고 있다. 단순히 마을 문화 공간 조성을 위해 시작된 벽화 그리기가 동피랑 마을을 보존·발전하는 차원으로 인식을 전환하는 중요한 계기가 된 것이다.

2. 부산 보수동: 노스탤지어와 희망이 결합한 헌책방 골목

"보수동 책방 골목은 향수 어린 책의 백화점입니다. 여기에 있으면 책은 죽은 거예요. 좋은 독자에게 시집을 가서 잘 읽혀야 그때 비로소 책이 살아나는 거죠."

-보수동 헌책방 골목 상가 번영회 회장

국내 마지막 남은 헌책방 골목, 부산 보수동 골목은 국제시장 입구 사거리 건너 좁은 골목길에 자리 잡고 있다. 5평 남짓한 공간부터 60여 평 크기의 책방들이 약 150여 미터 가량 길게 늘어서 있다. 보수동 헌책방 골목이 탄생한 것은 1950년 초 6·25전쟁 발발 직전이다. 당시 미군들이 보던 헌 잡지와 헌 참고서 등을 끌어 모아 파는 헌책방 4곳이 생긴 것이 그 시초였다. 그러다 6·25전쟁이 발발해 부산에 각 대학의 분교가 들어서고 피란민들이 넘쳐나면서 책 수요가 급격하게 늘어났다. 당시 근처 영도에 연세대 캠퍼스와 인근 보수동, 대신동에도 고등학교 분교와 학교가 여럿 있어 학생들이 이곳을 많이 이용했다고 한다. 당시 피란민들은 생계 유지를 위해 피란 때 가져온 고급 서적과 희귀본을 내다 팔았다. 고서 수집가들뿐만 아니라 학생들도 이곳에서 헌책을 구해 공부를 했다. 수요와 공급이 늘어나자 헌책방이 하나둘 늘어났으며 한창 전성기 때는 하루 3천여 명의 고객이 찾아들었고 책방도 70여 곳에 이르렀다고 한다. 그러나 세월이 흘러 지금은 50여 곳만이 영업 중이며 그 명성이 날로 퇴색해 갔다. 그리고 이들 서점 중 절반 정도는 헌책이 아닌 신간 서적을 취급하고 있다. 고객은 600명이 채 되지 않는다(서울신문, 2004).

이에 책방 주인들이 상가 번영회를 만들어 하나둘 사라져 가는 책방을 살리기 위해 움직이기 시작했다. 1996년부터 '책은 살아야 한다'는 주제로 보수동 책방 골목축제를 개최하였다. 축제 기간 동안에 500원 DAY, 책방 주인장 경험하기, 책을 옮기자, 7행시 짓기, 글짓기와 사진전 등 볼거리를 제공하고 각종 문화공연까지 행사를 즐기도록 하였다(부산일보, 2008.09.27).

2009년에는 부산시 후원하에 국내 유명 그라피티 작가들이 책방 여닫개(셔터)에 '꿈과 젊음, 자유'를 주제로 한 작품 30여 점을 그리도록 하였다. 이후에도 부산시는 수시로 헌책방골목에 벽화를 추가하고 있다. 이와 함께 역사와 책을 테마로 한 '전통문화역사거리 조성 사업'을 실시해 책방 골목 입구에 상징조형물과 표지석을 설치했다. 교육과 체험 등 학습 공간을 위한 '책 문화관'도 건립하고 전통찻집과 고서화점, 화랑 등 젊은층을 위한 시설도 들어섰다. 보수동 헌책방 골목은 책방 골목축제 개최를 기점으로 전통과 현재가 공존하는 새로운 문화공간으로 탈바꿈했다.

14 공동체 중심의 문화도시

1. 창작·문화 체험으로서의 예술촌

대통령령으로 제정된 '폐교 자산의 활용촉진을 위한 특별법 시행령'과 교육인적자원부의 '폐교재산 활용 기본계획'이 시행된 이후로, 대부분의 예술촌은 폐교와 같은 유휴공간을 창작 문화공간으로 활용하였다. 하지만 2006년 완공된 파주 헤이리는 국내외의 유명 건축가들 중심으로 만들어진 아트밸리로서, 좀더 예술적 전시 및 창조를 위한 인공적 공간의 느낌이 강조되었다. 즉, 자생적인 문화공간이 아니라 설립 주체의 적극적인 의지와 프로그램이 개입하여 한 지역을 고급문화 예술의 본거지로 조성하고자 하는 도시개발계획으로서 설립된 것이다(현철호,

2009:37).

양평 예술가 마을의 경우도 '양평예술투어'나 '바탕골 예술관'을 통해 일반인들과의 문화적 교류가 이루어지고 있긴 하나, 주 활동은 예술가들의 개인 창작활동에 맞추어져 있다. 한편 지례 예술촌의 경우, 초기에는 예술가들을 위한 창작 지원만을 염두에 두었다. 하지만 1999년 영국 엘리자베스 여왕의 하회마을 방문을 계기로 일반인에게도 공개하면서 현재는 전통문화를 체험하는 공간으로서 주 역할을 담당하고 있다.

1) 파주 헤이리: 한국의 건축예술도시

헤이리는 국내외 특색 있는 건축가들이 만든 미술관, 박물관, 갤러리 등에서 작가, 미술인, 영화인, 건축가, 음악가 등 370여 명의 예술인이 함께 하는 종합예술단지이다. 문화도시 추진 초기에 통일동산 내 서화촌 입지에 설립 예정이었던 헤이리는 파주출판단지에서 생산되는 책을 판매할 '책 마을'로 구상되었다. 하지만 1994년 몇몇 출판인들이 헤이리 마을 설립을 계획하기 시작했다. 1997년 서화촌 건설위원회 및 문화와 예술을 사랑하는 사람들 모임이 발족되었다. 이듬해 서화촌 건설위원회의 창립총회를 개최하고 대상필지로 서화촌 부지 3만 평이 선정되면서 현재 헤이리 아트밸리로서 모습을 갖추어 나갔다. 출판인들 외에 다양한 문화 예술인들이 참여하면서 헤이리는 단순한 도서 판매 마을이 아닌 문화의 생산, 판매, 전시, 거주가 동시에 이루어질 수 있는 아트밸리로서 성격을 띠게 되었다. 공간 확보를 위한 대지도 6만 5천 평으로 늘어나 창작촌의 성격을 가진 문화마을로서 입지를 다졌다. 1999년에는 서화촌 서쪽 아래 민속촌 부지였던 15만 평 대지로 헤이리 입지가 최종 선정되면서 부지가 크게 확장되었다. 이듬해 단지 마스터플랜이 확정되고 토목공사가 시작되었다. 2000년 개별 건축을 위한 건축 코디네이터 건축지침 수립 및 1차 건축가들을 선정하였다. 2001년 6월 건축설계 프로그램이 제안되었고, 12월에 토목공사가 완료되었다. 이후 2003년 본격적으로 개별 건축 작업이 시작되었다(백지운, 2006).

2) 지례와 양평: 예술가들을 위한 마을

경북 안동에 있는 지례예술촌은 문화예술인들이 편안하게 쉬면서 작품 활동을 할 수 있는 400년 된 고가(古家)이다. 1664년 조선 숙종 때 지어진 의성 김씨 지촌 김방걸 종택과 제청, 서당으로, 모두 10여 동 125칸, 17개의 방으로 이루어졌다.

지촌 선생 13대 종손 김원길 촌장은 임하댐 건설로 종택이 수몰위기에 놓이자, 1985년 지촌문중 소유의 종택과 제청, 서당 등을 경상북도 문화재자료로 지정받아 1986~1989년 마을 뒷산 중턱에 옮겨 짓고 한국 최초의 예술창작 마을인 '지례예술촌'을 열었다. 처음에는 이어령, 조병화, 홍신자, 유안진, 한수산, 김용옥 등 많은 학계, 예술가들을 위한 창작 산실로만 염두에 두었지만, 1999년 영국 엘리자베스 여왕이 방문한 것이 계기가 되어 이후 외국인 방문객 수가 엄청나게 늘었다. 안동의 전통가옥과 양반문화의 정수를 경험하고 싶어 하는 이들의 문의도 쇄도하면서 예술촌의 애초 취지를 깨지 않는 선에서 일반인들의 방문을 허용하고 있다. 연간 5,000명이 넘는 관광객을 수용하고 있다(자동차생활, 2003,02월호).

지례예술촌은 한국의 전통문화를 국제적으로 알리는 역할을 주도적으로 하고 있다. 외교통상부, 문예진흥원 등과 공조하여 주한 외교 사절과 외국에 위치한 한국 공관에 근무하는 외국 직원 등을 중심으로 체험을 통해 한국문화를 이해하는 프로그램을 운영하고 있다. 크고 작은 온돌방 10여 개를 잘 정리하여 방문객들의 고가 체험을 할 수 있도록 하였으며, 예의범절에 대한 교육도 하고 있다(박성신, 2005).

경기도 양평에 예술인들이 들어와 살기 시작한 것은 지난 1980년대 민중화가 민정기 씨가 정착한 이후부터인 것으로 알려져 있다. 이후 아름다운 자연경관과 서울과의 근접성이 이점으로 입소문을 타면서 하나둘 예술인들이 모여들기 시작했고 터를 잡은 예술가들은 어느새 3~400명을 헤아리고 있다. 주로 문인보다는 화가, 조각가, 설치미술가, 도예가 등 미술인들이 많다. 양평의 예술인 마을은 강상·강하면과 서종면, 용문면 등 크게 3구역으로 나뉘는데 친구와 동료끼리 삼삼오오 모여 살면서 시인의 마을, 화가의 마을 등으로 불리는 구역이 생겨났다.

작가들이 개인적으로 작업실을 지어온 터라 일반인에 오픈 되어 있는 갤러리 외에 그들의 집과 아틀리에를 찾아가거나 들여다보는 일이 쉽지 않다. 이 때문에 '화가마을로 떠나는 예술기행'이란 이름으로 양평 예술 투어를 실시하고 있다. 주로 양평 화랑가 작품 감상, 강변 습지 탐방, 아틀리에 탐방, 도예 체험 등의 프로그램이 운영된다. 양평의 대표적인 갤러리로 바탕골 미술관이 있다. 바탕골 미술관에서는 매일 다채로운 프로그램이 진행되는데, 나만의 도자기나 천연비누를 만들어 보거나 즉석에서 티셔츠에 물감 염색 체험을 해볼 수도 있다. 또한 주말이면 발레, 음악, 콘서트 등 다채로운 문화공연이 펼쳐진다.

2. 지역 예술문화 향유로서의 예술촌

일반적으로 한국의 예술촌은 예술가들의 창작욕구에 대한 필요성에 우선 기반을 두고 있다. 주로 폐교 등 유휴 공간을 활용하면서 만들어진 창작 문화공간이다. 기존의 것을 재생하여 다시 활용하면서 예술인들에게는 저렴한 비용으로 창작공간을 마련해 줄 수 있다는 점과 함께 기존 주민들에게는 자신들의 추억이 어린 공간을 계속 보존할 수 있다는 이점을 제공한다. 또한 폐교가 가지는 우범적 이미지를 없애는 역할도 하고 있다. 도시에 비해 문화 향유 기회가 드물었던 농어촌에 문화 예술인들이 유입되면서 지역을 기반하고 있는 전통문화를 비롯하여 생활예술을 접할 기회를 제공하고 있다.

1) 원주: 후용 공연예술센터

폐교를 문화공간으로 탈바꿈시킨 강원도 원주시 문막읍 후용리의 '후용 공연예술센터'는 극단 '노뜰'이 2000년 폐교된 후용초등학교를 문화공간으로 탈바꿈시키겠다고 마을 공동체에 제안하면서 시작되었다. 그들의 제안은 마을 지역민의 동의를 얻어냈고, 임대 계약을 맺은 후 2003년 3월 <후용 공연예술센터>라는 이름으로 입주가 시작되었다. 폐교 자리에 후용 공연

센터가 자리 잡게 되면서 이곳은 빈 공간이 아닌, 문화·예술·교육이 가능한 대안공간으로 기능하고 있다. 문화 혜택을 누리지 못하는 농촌 사람들을 위해 청소년 연극교실을 운영하거나, 새로 기획하는 공연의 첫 막을 주민들을 대상으로 열고 있다.

한편, 극단 단원들 또한 지역의 일원으로 지역민과의 공동체 의식 강화를 위해 마을 모내기와 추수에 참가하면서 지역민들 역시 가장 강력한 관객이자 지원자로 자리 잡게 되었다. 결국 예술인들의 지역민에 대한 적극적인 의견 수렴과 공연 예술 창작에의 개방적 자세가 마을 공동체 사람들의 호응을 원활하게 이끌어 냈다(남희주, 2009).

예술센터는 거주를 기본으로 하는 창작 운영체계를 가지고 있으나 예술가 개인의 사생활 보장과 구성원의 안정된 생활 보장을 위한 1인 1실의 생활공간 보장을 실행하고 있다. 엄격한 규율보다 자율적 삶을 우선하여 공동의 작업과 생활공간을 갖고 있지만 합숙을 극단의 원칙으로 삼지 않고 있다. 주로 공동작업 방식을 통한 제작물 창작 및 연구, 발표로 이어지는 과정을 시스템하면서 공연 예술의 효율성을 높였으며, 국제 레지던스 프로그램과 워크숍을 통해 새로운 예술과 진보를 창조하는 교류의 거점으로 기능하고 있다.

2) 화성: 창문 아트센터

2000년 경기도 화성시 남양면의 창문초등학교가 폐교된다고 했을 때, 지역민들은 폐교가 불가피하더라도 마을에서 활용할 수 있는 문화적 중심시설로 학교건물이 재활용되기를 원했다. 이렇게 함으로써 자녀교육과 주민계몽에 관련되는 기능을 계속 유지하여 지역사회에 여전히 기여하는 시설로 남기를 원했기 때문이다. 농촌지역에서 학교란 단순히 학생 교육만 이루어지는 곳이 아니라 지역의 문화가 숨 쉬는 곳으로서 지역문화의 발전에 상당히 긍정적인 기능을 수행하는 문화공간이기 때문이다. 이러한 주민들의 요구가 받아들여져 2002년 폐교시설을 활용한 창작 스튜디오 '창문 아트센터'가 탄생하였다. 창문 아트센터에 입주하기를 희망하는 작가들은 관내 미술대학 교수들의 추천이나 심사위원단의 심사에 의해 선발된다. 입주한 작가들은 활발한 창작활동을 통해 지역과 연계된 다양한 문화예술프로그램에 적극적으로 참여하고 있다. 2001년 하반기에 남양초등학교 학생의 정규 미술수업을 매주 토요일 4개월 동안 창문 아트센터에서 실시하였다. 이를 통해 학생들의 미술에 대한 의식이 눈에 띄게 변하게 되었다. 특히 공교육에서 하지 못한 설치미술이나 행위미술 등 새로운 장르의 예술형식을 접하고 직접 참여시킴으로써 학생들의 사고의 폭을 넓히는데 일조하였다. 그리고 방학을 맞은 학생을 대상으로 미술학교, 환경설치미술제나, 행위 미술제, 허수아비 예술제 등의 각종 예술행사 및 이벤트를 개최하면서 지역문화를 활성화 시키는데 기여하고 있다. 또한 어린학생만이 아닌 초등학교 교사들을 위한 연수프로그램을 진행하면서, 각 분기별로 전문 강사를 초빙하여 미술의 실천적 작업과 이론적 작업에 대한 강의와 학술세미나도 개최하고 있다.

3) 양주: 미추산방

극단 미추는 연출가 손진책이 운영하는 한국 연극계의 대표적인 극단중 하나이다. 극단의 규모가 점점 커지면서 연습과 제작을 위한 공간의 부족 문제가 지속적으로 제기 되면서 이를 위한 준비 작업이 90년대 초반부터 시작되었다. 그러던 중 극단 창단 10주년을 맞은 1996년 3월, 경기도 양주시 백석읍에 200석의 극장과 스튜디오, 사무실, 숙소 등을 갖춘 '미추산방'을 완성하고, 이후 산방을 거점으로 마당놀이를 포함한 극단의 모든 작품을 제작해 오고 있다.

양주시 백석읍 홍죽리에 미추산방이 들어선 것은 서울과 너무

멀지 않으면서도 도시의 혼잡함으로부터 완전히 독립적인 창작의 공간으로서 이점과 주변에 인가도 많지 않았으며 주변 자연 풍광이 아름다웠기 때문이었다. 설립 당시에는 마을 인구가 얼마 되지 않았기 때문에 수십 명의 예술인이 마을에 입주한다는 사실에 마을 사람들의 반응도 상당히 호의적이었다. 지역민과 본격적인 만남이 시작된 것은 설립 이후 5년이 지난 2000년 여름 주말극장 문을 열면서부터이다. 지역을 기반으로 하는 활동 없이는 지역에서의 생존이 힘들다고 여긴 미추극단은 2001년부터 주말극장을 시즌제로 봄, 여름, 가을 동안 2~3개월씩 진행했다. 고양, 의정부시뿐만 아니라 서울과 경기 남부지역에서도 꾸준히 관객들이 찾고 있다. 또한 양주시민과 함께하는 '찾아가는 예술여행'을 실시하였다. 예술 관람의 접근성이 어려운 지역 주민과 학생들에게 예술단체가 직접 찾아가 공연하는 것으로, 보다 적극적인 예술 활동의 장을 선도하는 계기를 만들어 나가는 차원에서 이루어진 것이다.

4) 화성: 쟁이골

경기도 화성군 서신명 장외 2리에 있는 함산초등학교는 폐교 후 2년간 방치되다가 1997년 문학, 음악, 미술 분야의 지역

문화예술인들이 이곳을 임대하면서 창작촌으로 활용되었다. 쟁이골은 지역문화를 대변하는 대안공간으로서 그 활용의 폭을 극대화하고 있다. 무엇보다 쟁이골이 설립되면서 우범지역으로 알려진 폐교 분위기가 일소되면서 등을 돌렸던 주민들이 호감을 갖게 되었다. 이후 예술인들의 작업현장을 직접 본 주민과 관광객들은 적극적인 협조는 물론 홍보까지 자원하고 있다. 쟁이골은 상설 작업장은 물론 전시, 문화 강의, 청소년 프로그램, 일반인 1일 문화체험의 장으로 활용되고 있다. 지역작가들로 구성된 강사는 쟁이골 상주작가와 외부 초청강사로 구분된다. 경기도 내 유명 시인 작가를 초빙, 문학 강연, 시낭송과 여름 문화학교를 열고 있다.

5) 강릉: 제비리 미술인촌

폐교를 활용하여 지역 미술의 문화적 가치 창출과 발전을 모색하는 '21세기 미술 창의적 지역문화마을 강릉' 건설의 한 방안으로 1999년 제비리 미술인촌이 추진되었다. 주로 미술작가 및 관련 분야 전문가들의 창작활동 활성화와 지역 주민의 미술문화 교육에 초점을 맞추어 프로그램이 추진되고 있다. 프로그램은 교육 사업에 초점이 맞춰져 있다. 주 사업인 '문화학교' 외에 주부 도예교실, 토/일 교실 오픈스튜디오, 체험 미술교실 등을 추진하였다. 지리적인 여건이 좋지 않음에도 비교적 많은 지역 주민이 참여하고 있다. 대부분의 문화학교가 학기 중에 개설되어 있어 학생이나 학부모, 직장인 등이 시간이 맞지 않아 수강할 수 없다는 점을 감안하여 방학 중에 학교를 개설하였으며, 경제적 여건 때문에 참여할 수 없었던 시민들을 위해 무료 교육을 실시하였기 때문이다. 또한 여러 강좌를 개설하여 선택의 폭을 넓혔으며, 장기간 시간을 내어 수강할 수 없는 점을 감안하여 12일간 집중적인 교육을 시행하는 등 피교육자의 입장을 충분히 고려하여 프로그램을 구성하여 호응을 얻었다(이명옥, 2004:64-65).

3. 새로운 문화공동체로서의 예술촌: 무안 월선리 예술인촌

대부분의 예술인 마을이 토지와 건축을 공모하여 기존 마을의 생태를 고려하지 않는 개발 중심이 주를 이루었다면, 무안군의 월선리 예술인촌은 자연스럽게 생성된 예술촌이다. 1990년 도예가 김문호 씨의 입주를 시작으로 20여 명의 예술가들이 작업실과 거주를 위해 자연스럽게 터를 잡으면서 형성되었다. 예술인들의 거주지는 마을 속에 자리 잡고 있으며 지역 자생조직인 청년회, 부녀회 등에 자연스럽게 흡수되어 토착화되는 거주 형태를 갖고 있다. 이들은 주민과의 소통을 우선으로 하여 분열을 완화하였으며, 다양한 마을 복원사업을 통하여 예술인과 마을 주민 간의 공동체 문화를 형성하고 있다.

예술인 중심으로 마을의 다양한 축제와 행사를 구성하면서 작은 농촌마을은 연간 5만 명의 관광객이 다녀가면서 지역경제 활성화에 좋은 영향을 주고 있다. 월선리는 외부인과 내부인, 토착민과 이주민, 내국인과 외국인이 융합하면서 문화마을을 만들어가고 있다. 낙후지역이 새로운 발전지역으로 도약하는데 문화가 어떤 역할을 할 수 있는가를 월선리는 잘 보여주고 있다. 축제를 잘 운영하는 것도 중요하지만 지역 주민에게 행복과 평안을 가져다주는 것이 문화도시의 궁극적 목적임을 일깨워주고 있는 것이다.

제4부

문화도시의 미래

15 인간을 위한 어메니티
― 휴먼도시

1. 도시 공간에 대한 인문학적 사유

오늘날 전 세계 인구의 70~80%가 도시에 살고 있다. 인간은 시간과 공간 속에서 살아간다. 타인이 일정 영역 안에 들어오면 우리는 서로 직접 관계하게 된다. 기든스가 말했듯이 첨단기술의 발달로 거리가 사라진다 해도 공간이 없으면 우리는 실존할 수 없다.

도시에 산다는 것, 이것은 계획되어 건축된 환경 안에서 산다는 것이다. 우리는 자연 공간 안에 도시공간이라는 삶의 공간을 만드는 것이다. 도시는 인간이 만드는 인공적인 환경으로, 광장과 공원 같은 공공공간public space과 개인적인 공간인 사적공간private space으로 나뉜다. 그리고 우리는 우리를 둘러싼 공간에 의해 의식과 행동이 영향을 받는다. 우리는 인간이 만든 길이 아닌 곳으로 갈 수 없다.

어느 도시가 아름답다고 한다면, 이것은 도시의 어떤 특정한 부분이 아름다운 것이 아니라 도시 전체가 아름답다는 것이다. 즉, 모든 사물에 대해서 안다는 것은 그 사물과 함께 그것을 에워싸고 있는 배경 혹은 지평을 포함해서 안다는 것이다. 한 사람을 이해한다는 것은 그가 가지고 있는 생각과 삶의 배경을 함께 안다는 것이다. 예를 들어 남산타워가 아름답다고 할 때, 남산타워의 아름다움을 가능하게 하는 남산, 더 나아가서 서울의 전체적인 공간 속에서의 아름다움을 말하는 것이다. 식탁이라는 것을 말할 때 식사를 하는 장소와 관련된 탁자를 생각하듯이 말이다.

우리는 세계 안에서 살고 있다. 그리고 생활세계에서 삶을 영위하고 있다. 인간끼리만 사는 것이 아니라 인간을 둘러싼 자연환경과 함께 사는 것이다. 우리의 생활세계는 우리가 겪고 있는 직접적인 경험의 세계로서 이는 곧 우리의 삶을 만들어가는 영역이다. 도시란 인간이 사는 삶의 공간이다. 도시는 인간이 살아가는 총체적인 모습을 포함한다. 따라서 인간을 생각한다는 것은 도시 안에 있는 인간을 생각하는 것이자, 인간을 둘러싼 환경 안에서 존재하는 인간을 생각하는 것이다.

하이데거는 현존재^(인간)의 의미를 알기 위해서 그 조건인 인간의 시간성에 대해 성찰했다. 그는 언어를 통해 들려오는 존재의 말에 귀를 기울여야 한다고 생각했다. 이때 인간은 땅에 거주하면서 존재의 말을 기다리는 존재가 된다. 따라서 인간의 세계라는 공간에서 거주하는 것이 중요한 의미가 된다. 왜냐하면 기다린다는 것은 시간 속에서 기다린다는 의미도 있지만 땅에서 거주하며 기다리는 공간적인 의미도 포함되기 때문이다. 하이데거는 '집짓기, 거주하기, 사유하기^{Bauen, Wohnen, Denken}'라는 글에서 "나는 결코 건축이나 기술적인 관점에서 집짓기를 사유하려는 것이 아니다. 나의 '집짓기'에 대한 사유는 모든 것이 '존재'하는 영역으로 귀착되고 그것을 추구하는 것이다"라고 말했다(한국영상문화학회, 2008: 101). 즉, 인간에게 생각의 공간을 제공하는 것은 도시이다. '도시는 인간의 집'이다(벤야민, 2005: 965).

인간은 도시 안에서 환경과 관계하면서 경험을 쌓는다. 삶이란 곧 경험의 연속이고 우리가 무엇을 안다는 것도 역시 경험을 통해서 가능하다. 경험한다는 것은 머리로 이해하는 것뿐만 아니라 몸으로도 이해하는 것이다. 우리는 눈을 통해서 보고, 손으로 만지며, 귀로 듣고, 냄새를 맡는다. 메를로퐁티 Maurice MerleauPonty에 따르면, 지각은 인간의 반성 근거가 되어 세계 속에 깃들어서 부분을 이루고 있고, 신체는 바로 지각의 근거가 된다. 우리는 살flesh을 통해 세계와 소통한다. 그에 의하면, 신체는 세계에 대해 열린 구조로 관계한다. 메를로퐁티는 "세계는 내 주위에 있는 것이지 내 앞에 있는 것이 아니다"라고 말했다. 따라서 거리를 몸으로 걷는다는 것은 "산책자는 눈앞에 감각적으로 나타나는 것뿐만 아니라 종종 단순한 지식, 죽은 데이터까지 마치 몸소 경험하거나 직접 체험해본 것처럼 자기 것으로 만들어버리고……몸으로 느낀 지식은 무엇보다 구전에 의해 한 사람에게서 다른 사람에게 전해진다." (벤야민, 2005: 965). 산책자는 인간의 몸으로 도시를 체험하고 지식을 배우며 다른 사람에게 자신의 지식을 전달하는 것이다.

발터 벤야민Walter Benjamin은 13년 동안 도시를 연구하다가 미완성 원고를 남겼다. 이 원고는 조르쥬 바타이유에게 전해졌지만 바타이유가 죽기 전까지 세상에 알려지지 않았다. 이 원고는 바타이유 사후인 1981년 파리국립도서관의 바타이유 문서고에서 발견되었다. 이후 1982년 『아케이드 프로젝트 Passagen-Werk』란 제목으로 출간된다. 이 연구는 완성된 것이 아닌 원고의 형태로서 근대 도시공간과 건축물들에 숨어 있는 과거 역사의 기억과 거리의 삶, 도시민의 일상생활에 상징화된 환상에 대한 것이다. 벤야민은 자본주의화 되는 도시와 그 안에서 사는 도시민의 일상생활 관계를 통해 다양하게 나타나는 여러 근대성에 대해 탐구했다.

벤야민은 특히 아케이드에 대한 분석에서 삶에 있어서 큰 즐거움 중 하나가 '플라너리flᴵnerie', 즉 걸으면서 도시를 배회하는 것이라고 언급하였다. 이 플라너리가 뜻하는 것은 거리가 주는 모든 풍경을 누리면서 뜻하지 않은 발견의 기쁨을 느끼는 순간을 말한다. 우리는 점심을 먹고 학교나 직장으로 들어오거나, 혹은 아무 생각 없이 산책할 때 문득 보이는 풍경에서 관조적인 아름다움을 느끼곤 한다. 평소에 그냥 지나치는 공공장소의 예술품이나 화단의 꽃이 어느 날 갑자기 아름답게 다가올 때가 있다. 칸트는 이러한 아름다움을 일러 대상에 대한 아무런 이해가 없을 때 생긴다고 하였다. "취미판단을 규정하는 만족은 일체의 관심과 무관하다"(칸트, 2003: 58). 우리가 도시를 걷는다는 것은 몸의 감각으로 도시를 알아간다는 것이라고 할 수 있다.

브르통은 『걷기예찬』에서 "길을 걷는 사람이 자신의 도시, 혹은 가로나 동네와 맺게 되는 관계는 무엇보다 먼저 어떤 정서적

관계인 동시에 신체적 경험이다. 도시를 걷는 경험은 우리의 몸 전체의 반응을 촉발한다."고 말했다(르 부르통, 2005: 187).

속도의 시대에 교통수단을 이용해서 빨리 이동하는 것과 느리게 걷는 행동은 어떻게 다른 것일까? 이미 발터 벤야민은 19세기 파리를 걸으면서 도취감을 느꼈다. 또한 밀란 쿤데라는『느림』이란 소설에서 18세기의 느린 사랑에 관한 이야기를 다룬다. 현대의 빨리 타고 빨리 식어버리는 사랑이 아니라, 손을 잡기까지 걸리는 긴 시간의 변화를 심리적으로 묘사하고 있다. 이 소설의 주제는 현대인의 일상의 속도에 대한 비판이다. 빨리 지나치는 것은 기억에 남지 않는다. 속도로 대표되는 현대를 비판하면서 느림의 즐거움을 말하고 있다. 쿤데라는 소설에서 "속도는 기술혁명이 인간에게 선사한 엑스터시의 형태이다"라고 말한다(쿤데라, 1995: 6). 현대인은 속도에 몸을 맡기는 것도 즐기지만, 그만큼 스쳐 지나는 것들이 많다. 기억에 남는 것이 없다. "느림과 기억 사이, 빠름과 망각 사이에는 어떤 내밀한 관계가 있다……느림의 정도는 기억의 강도에 정비례하고, 빠름의 정도는 망각의 강도에 정비례한다."(쿤데라, 1995: 48). 쿤데라는 느림의 즐거움이 사라지는 것을 "어찌하여 느림의 즐거움은 사라져 버렸는가? 아, 어디에 있는가, 옛날의 그 한량들은? 민요 속의 그 게으른 주인공들, 이 방앗간 저 방앗간을 어슬렁거리며 총총한 별 아래 잠자던 그 방랑객들은? 시골길, 초원, 숲속의 빈터, 자연과 더불어 사라져버렸는가?"라고 한탄하고 있다(쿤데라, 1995: 7~8).

도시를 걸어서 여행해본 적이 있는가? 단지 관광지에 가서 사진을 찍고 이동하는 것이 아니라, 유적과 유적 사이를 걸어가면 유적을 둘러싸고 사는 사람들의 일상을 볼 수 있다. 그들은 길거리에서 바케트를 먹고, 산책을 하고, 연인을 만나고, 신문을 읽고, 카페에서 커피를 마신다. 때론 나의 몸을 스쳐 지나가기도 하고, 이상한 듯 관찰하기도 한다. 길거리의 냄새를 맡을 수 있으며, 그들의 언어로 시끄럽게 떠드는 소리를 들을 수 있다. 그들이 좋아하는 형태나 색을 볼 수도 있다. 또한 가끔 낙엽에 가려진 개똥을 밟을 수도 있다. 이렇게 하나의 도시를 걷는다는 것은 몸으로 체험하는 것이다. 온몸으로 하나의 도시공간을 헤쳐간다는 것은 무엇인가? 메를로퐁티의 현상학에 의하면 인간의 모든 사유는 몸으로 귀결된다. 걷는다는 것은 머리와 사진으로만 아는 것이 아니라 '전체적'으로 아는 것이다.

'슬로우시티slow city'도 같은 맥락의 개념이다. 슬로우시티는 이탈리아의 그레베 인 키안티Greve in Chinati의 시장이었던 파올로 사투르니니Paolo Saturnini가 창안했다. 1999년 10월 15일 이탈리아의 작은 도시 오르비에토에 그레베, 브라, 포시타노 등 슬로우푸드slow food 운동을 벌이는 시장들이 모여 슬로우시티 운동을 결의했다. 산업화된 대도시에 사는 사람들이 인간 본연의 모습을 잃어버리고 물질만을 추구하는 삶을 우려하여 인간답게 사는 마을을 추구하자며 슬로우시티 선언을 했다. 이 선언에는 55개의 서약 문구와 6가지 도시평가 기준이 있다. 인간적 삶이 가능한 적정 인구(5만 명)를 넘지 않고, 전통산업과 슬로우푸드와 아름다운 경관이 있는 대신 대기업의 자본이 없고, 선정된 뒤에 세계적 네트워크를 가질 수 있는 보편적인 상품이나 문화가 있어야 한다는 게 주요 평가기준이었다. 2002년 인구 1만 4,000명에 올리브와 포도농사를 주산업으로 하는 전형적인 이탈리아 시골 마을 그레베가 최초로 슬로우시티를 선언했다.

슬로우시티는 산업사회의 빠른 삶의 방식을 바꾸고 그에 맞는 환경을 조성하는 것으로 슬로우푸드의 연장선상에 있는 것이었다. '슬로우'라는 말의 의미는 자연을 이해하고 그에 맞춰 순리적인 삶을 살아가자는 것이다. 그레베처럼 작은 마을뿐만 아니라 900년 된 성벽으로 둘러싸여 고풍스럽고, 연간 관광객이 200만 명이 넘는 국제적인 도시 오르비에토도 슬로우시티 선언을 하였다. 도시가 관광객 유치나, 첨단화 등의 편리함보다는 마을 중심가에 자동차가 진입하지 못하게 하고 번화가의 네온사인도 못 달게 하는 등 자연 그대로의 모습을 유지하도록 하였다. 브라도 역시 도심지의 역사 유적지에 자동차가 접근하지 못하도록 하였고, 수제품과 같은 소규모 가족 경영 가게들을 좋은 입지에 열 수 있게 배치했다. 아이들은 학교에서 지역 주민들이 재배한 유기농 과일과 채소를 먹을 수 있게 하고 일하는 시간을 줄이도록 했다.

이렇게 슬로우시티를 선언한 도시는 2007년까지 독일 레베스가르텐, 영국 토트네스 등 10개국의 93개 도시에 이른다(너울, vol 197). 슬로우시티는 일과 삶의 관계를 새롭게 생각하고 소비적 차원에서 생태적 차원으로 생각을 바꿔 도시를 설계하는 것이다. 물론 여기에서 공동체가 어떤 공동체냐에 대한 논란이 있지만, 이러한 공동체는 사회적 해체, 물질주의, 개인화되고 이기적인 탐욕주의로부터 인간을 구원해 줄 수 있다고 보는 이유에서 새로운 도시화의 중요 개념이 되고 있다(하비, 2001: 232).

자연의 일부로서 인간과 자연과 어울리며 천천히 살아갈 수 있는 도시란 어떤 것일까? 그 답은 어메니티에 있다. 어메니티로 가득 찬 도시, 그것은 궁극적인 슬로우시티의 목적지이다.

2. 어메니티의 정의 및 개념 확대

어메니티amenity는 '쾌적한', '기쁜'이라는 뜻을 가진 라틴어 아모에니타스amoenitas에서 온 말로, 어원은 '사랑, 좋아함'을 뜻하는 아마레amare이다. 어메니티의 사전적인 개념은 첫째로 유쾌함과 매력을 뜻하고, 둘째로 장소나 기후 등이 매력적이거나 바람직하다는 것을 말한다. 즉, 아는 사람이나 풍토, 사물, 생물과 같은 환경까지 폭넓은 사랑을 뜻하는 것이다. 어메니티는 물질적인 면과 함께 정신적인 면을 포함하는 쾌적함을 의미한다.

이러한 어메니티가 본격적으로 대두된 것은 18세기 중엽 산업혁명으로 인해 도시로 인구가 집중하면서 열악한 주거환경에서 하층민을 구제하고자 하는 인도주의적 도시계획사업 과정에서 발생했다. 이렇게 발생된 어메니티의 개념은 1990년대 중반 서유럽 국가들을 중심으로 한 농촌 어메니티가 유행하면서 그 의미가 확대되었다. 농촌 특유의 자연환경과 전원 풍경, 지역 공동체와 문화지구의 고유한 산물, 문화유적 등 인간에게 즐거움과 만족감, 쾌적함을 주는 주변의 모든 환경을 통칭하는 것이다(이지은, 2006: 6~7).

쿨링워스J. B. Cullingworth는 "코끼리는 너무 커서 일부를 만져 보아서는 전체를 알 수 없는 것처럼 어메니티도 정의하기보다는 의식하는 쪽이 쉽다"고 하였고, 홀포드^{William Holford}는 "어메니티는 단순히 하나의 성질이 아니라 복수의 가치를 지닌 총체적인 것으로서 있어야 할 것^(주거, 따뜻함, 빛, 맑은 공기 등)이 있어야 할 곳에 있는 것^{The right thing in the right place}"으로 보았다. 또한 일본의 사카이 겐이치는 "어메니티란 생활의 쾌적함으로 문화, 스포츠 시설, 치안 등 공공서비스까지 포함하는 '사는 기분' 전체를 가리키는 사고방식"이라고 보았다. 이렇듯 학자마다 어메니티에 관한 상이한 정의를 하지만, '쾌적성'이란 개념은 공통된다(장재해, 2007: 4).

어메니티는 시대에 따라서 정의가 약간씩 달라졌지만 개념은 점차 확대되었다. 산업혁명 이전에는 자연을 극복해나가는 과정으로서의 편리성이 강조되었다가 산업혁명 이후에는 영국의 심각한 공해와 주거 문제 해결이 사회문제 해결의 중심이 되었다. 1909년 위생 상태, 어메니티, 편리성의 추구를 목적으로 만든 영국의 도시계획법으로 어메니티의 개념은 변화, 확장된다. 그 이후 1960년대 고도 경제성장을 한 일본이 도시권으로 인구가 급격하게 유입되면서 1970년 이후 심각한 공해문제가 발생하여 영국의 어메니티 개념을 적극적으로 받아들이게 된다.

일본의 도시계획법을 받아들인 우리나라의 경우는 건축물을 아름답게 하는 인공미인 '미관'과 도시의 자연적 경관미를 의미하는 '풍치'의 개념을 일찌감치 도입했다. 이후 1998년 경기도 6개 도시(안산시, 수원시, 성남시, 의정부시, 부천시, 안양시)가 지역의 깨끗함과 아름다움, 여유, 역사와 문화적인 측면에서 어메니티 계획을 세웠다. 이렇듯 어메니티는 21세기에 들어 획일화되는 현대도시의 특성에 대한 반성과 도시의 정체성 회복을 위한 문화성 추구의 핵심이 되었다(전여옥, 2003: 7~10).

근대화가 본격적으로 시작된 산업혁명 이전에는 모든 것을 편리하게 대량으로 생산해서 많은 사람의 욕구를 충족시키는 것이 중요했다. 그러나 석탄 중심의 증기동력에서 내뿜는 가스는 사람들이 밀집된 도시의 환경을 악화시켰으며, 따라서 그 안에서 사는 인간의 건강이 문제가 되었다. 이에 대도시의 스모그 같은 공해문제 해결이 중요하게 부각되었다. 20세기에 이르러 모더니즘이 더욱 발달하자 사람들은 도시의 아름다움에 관해서 보다 많은 관심을 가지게 되어 도시미를 추구하게 된다. 이제 21세기에 와서는 시각적인 아름다움뿐만 아니라 인간적인 삶에 대한 고민과 그에 따른 문화적 삶에 대한 추구가 증가하고, 그에 따라 또다시 새롭게 어메니티의 중요성이 커지고 있다.

3. 어메니티의 다양한 효과

어메니티의 실천 효과로는 1. 편리성 개선 2. 환경성 회복 3. 심미성 추구 4. 문화성 확립을 들 수 있다. 먼저 편리성 측면에서는 다음 세 가지의 개선이 중요하다. 첫째는 주민이 활동하기 편리한 조건을 확보하고, 둘째 안전하고 빠른 대중교통수단의 정비로 접근성을 향상시키고 안전하고 쾌적한 보행조건을 확보하며, 셋째 각종 편의시설(교육, 의료 등)이 적절한 위치와 규모로 있어야 한다. 대표적인 도시로는 브라질의 꾸리찌바를 들 수 있다. 꾸리찌바는 특히 대중교통시스템에 주의를 기울여 최고 수준의 편리한 교통수단을 만들었다. 꾸리찌바는 1950년에는 인구 18만 명의 소도시였다. 이후 인구와 자동차의 급속한 증가로 도시환경이 악화되어 1971년 교통체계를 개혁하기에 이른다. 1974년부터 급행버스 전용차로를 도입하고, 많은 승객이 탈 수 있는 이중굴절버스를 운행했다. 교외지역의 저소득층을 위해서는 한 번의 요금지급으로 목적지까지 갈 수 있게 하였다. 도심지역에는 '꽃의 거리'라고 불리는 보행자 전용도로를 설치하였다. 이러한 노력에 따라 꾸리찌바는 1995년 로마클럽에 의해 세계모범도시 12개 중 하나로 선정되었고, 세계의 많은 다른 도시로부터 벤치마킹의 대상이 되고 있다.

두 번째로 생활공간의 환경성 회복을 한 대표적인 도시로 독일의 하노버를 들 수 있다. 하노버는 산업혁명 이후에 자연생태계가 파괴되어 인공적으로 생태계를 조성하기 위해 성장 속도가 빠른 포플러, 버드나무 등을 많이 심고 도시 외곽에 도시농원을 만들고 시민들이 자전거 전용도로를 통해서 접근할 수 있게 하였다. 중앙의 숲을 중심으로 라이네 강과 연결된 녹지들을 주민들이 쉽게 접근할 수 있도록 하여 녹지공간이 생활의 일부가 되도록 하였다.

세 번째, 심미성을 추구한 대표적인 도시로 뉴욕을 들 수 있다. 뉴욕은 20세기 초부터 지역지구제를 도입하여 경관을 관리하였고, 웨딩 케익형 건축물이 들어서게 하였다. 1974년 특별지역지구제Special Zoning를 제정하여 공공공원이나 공공장소로부터 볼 수 있는 뛰어난 경관을 보존하고 경관을 가리는 어떠한 광고도 허가하지 않아 아름다운 마천루의 경관을 만들어냈다.

네 번째, 문화성 추구의 대표적인 도시로 네덜란드의 로테르담을 들 수 있다. 로테르담은 1940년 독일의 폭격으로 폐허가 되었고, 1970년대까지 주택난 해소를 위해 고층아파트 중심의 도시를 건설하였다가 새로운 도시구조를 위해 문화예술을 도시개발에 적극적으로 접목시켰다. 이러한 결과, 특별한 문화유산은 없지만 시당국과 시민들의 노력으로 독특한 기능과 디자인을 가진 25개가 넘는 박물관과 현대적 고층건물이 조화롭게 공존하면서 새로운 역동적 문화공간을 창조하였다. 이렇게 조성된 미술관 삼각지대의 구상은 5개의 문화시설을 하나로 묶는 박물관 공원을 조성하기에 이른다. 이로써 모든 문화시설이 공간체험의 다양성을 제공하고 건축물의 아름다움을 느끼도록 하는 등 현재는 세계적인 문화도시로 인정받고 있다(이지은, 2006: 11, 21~24).

최근 어메니티 개념은 비단 시각적인 환경에 국한되지 않는다. 최근 유럽에서는 청각적인 공해에도 관심을 기울이고 있다. 세계보건기구WHO가 발표한 통계에 따르면 세계에서 수십만 명이 만성적인 소음 노출로 인해 건강이 악화되고 있다. 특히 소음은 심혈관계 질환에 영향을 주는 것으로 다른 공해에 비해 유해성이 간과되고 있어서 적극적인 소음공해 대응책으로 소음지도 제작을 의무화하고 있다. 프랑스 파리는 소음공해 해결을 위해 유럽의 대도시 중 최초로 '소음지도'를 만들었다. 2002년 유럽의회에서 대도시에 요구한 '도로시설 유발소음 대책안'도 그 일환으로 만들게 된 것이다(세계도시동향, vol.73). 이 지도는 아침 6시부터 밤 10시까지의 평균 소음치로 작성한 것이다. 파리의 도로

소음을 2차원 및 3차원적으로 시각화해, 동서남북 4방향으로 도로와 접한 건물 면에 미치는 소음의 양을 볼 수 있게 하였다. 영국 런던의 경우도 이러한 소음지도가 잘 만들어진 곳이다. 2004년 런던 전체 도로교통 소음지도를 제작하고, 관심 지역의 소음 정도를 누구나 쉽게 파악할 수 있도록 인터넷에서 접근이 가능하도록 하고 있다. 여러 지역을 정해서 해당 지역의 교통량이나 주행속도, 도로 폭 및 표면 특징, 건물 유형 등 다양한 정보와 함께 도로에서 유발되는 다양한 소음의 발생과 소멸을 계산한다. 도로교통뿐만 아니라 항공, 철도, 산업체의 소음 공해도를 추가해서 이 소음들의 합인 복합소음에 대한 도시 전반의 환경 소음지도도 작성하고 있다.

16 자연과의 공존
─ 생태도시

1. 환경친화적 생태도시

창조도시나 신어메니티에서 볼 수 있듯이 최근 인간과 환경의 조화에 중점을 둔 문화도시가 그 중요성을 더해가고 있다. 인간은 가정과 사회, 그리고 공간적으로 이 둘을 품고 있는 도시속에서 살아간다. 도시라는 것은 지구라는 환경 속에 존재한다. 지구의 환경이 사라지면 도시는 물론 그 안에 살고 있는 인간 역시 사라진다.

파울로 솔레리가 주장하는 환경친화적인 생태도시는 '아르콜로지'라고 불린다. 이 말은 건축과 생태학(Arcology=Architecture+ecology)이 합쳐진 합성어이다. 건축과 생태학이 만나는 친환경적 개념인 것이다. 그렇다고 아르콜로지가 완전히 생태적인 도시만을 추구하는 것은 아니다. 솔레리는 생태도시와 효율성, 그리고 도시적 삶과 그 문화의 지속성을 가지는 도시를 만들고자 했다. 이런 의도로 만들어진 도시가 미국 애리조나주 사막에 있는 아르코산티^Arcosanti이다. 애리조나 사막에 짓고 있는 이 도시는 건축생태학이라는 아르콜로지와 반물질주의를 뜻하는 코산티^Cosanti의 합성어에서 이름을 갖다 썼다. 아르콜로지를 실현하기 위해 모인 사람들이 아르코산티에서 주거와 작업, 문화와 상업 공간 속에서 자급자족이 가능한 공동체를 이루어 집을 짓고 농사와 교육 문화적인 일을 하면서 함께 살고 있다.

아르코산티는 1970년 코산티 재단이 가지고 있는 애리조나주의 사막에 건설되기 시작했다. 파울로 솔레리의 건축철학인 아르콜로지 개념에 따라 건설된 아르코산티는 모든 시설과 디자인이 친환경적이면서도 사생활 보호가 가능하게 되어 있다. 창조적인 환경, 오픈스페이스, 작업장, 교육 문화 시설들도 접근 용이하게 설계되어 있다. 이러한 쉬운 접근성은 아르코산티 내에서의 이동을 90% 이상 도보로 가능하게 하고, 이렇게 효율적^(압축적)으로 이동하면서 생길 수 있는 시각적인 단조로움은 다양한 루트를 만들어서 해결하였다. 또한 개발을 통해 아르콜로지에 풍부한 문화적 환경을 조성하는 노력도 하고 있다. 이것은 일과 놀이, 배움과 함께 타인과의 교류가 한데 어울리고 중첩될 수 있도록 공간을 설계하는 것이다(노현숙, 2006: 52). 건물의 디자인 역시 주위 경관과 어울리고, 주위 경관이 전체 요소 중 하나의 요소가 되는 환경적이고 생태적인 요소를 가진 다양한 디자인으로 구성되어 있다. 효과적인 토지 이용으로 최대한 효율적으로 공간을 사용함과 동시에 폐열의 이용 및 난방비와 가스 배출의 절감, 재활용 수집시설 배치, 물질의 공동사용을 통해 자원과 에너지 절약을 위한 설계를 했다. 자원을 효율적으로 사용함으로써 지구 생태계와 대기를 존중하는 태도로 나간 것이다. 이러한 설계이념의 결과로 아르코산티는 경제, 문화, 공동체 활동 전반에서 자급자족적이고 미래적인 생태환경을 만들었다(노현숙, 2006:49~55).

"도시는 철저하게 지구를 변형시킨다. 농지를 주차장으로 변모시키고 엄청난 양의 시간과 에너지를 소모하여 사람들과 상품들, 서비스들이 제대로 기능할 수 없는 상태까지 끌고 간다. 그 대안은 도시를 외파시키기보다 내파시키는 일이다. 진화에서 볼 수 있듯이 자연에서 유기체는 복잡성을 증폭시키는 동시에 좀 더 조밀하며 소형화된 체계가 된다. 인간의 문화를 지탱

하는 복잡한 여러 활동을 지원하기 위해서는 도시도 유기체처럼 작용해야만 한다. 도시는 인류의 진화를 돕는 필수적인 도구이다."(솔레리, 2001:235).

2. 문화도시의 성공을 위하여

낙후된 도시재생에서 시작된 문화도시의 추구는 경제적으로 포디즘에서 포스트포디즘으로, 사상적으로 모더니즘에서 포스트모더니즘으로 변화하면서 인간의 삶에서 가장 중요한 과제로 자리 잡았다. 산업사회가 지식산업사회로 전환됨에 따라 인간이 태어나고, 교육받고, 사랑하고, 사회와 인간과 치열하게 부딪히며 살아가게 되는 마당인 도시라는 공간이 더욱 중요해졌다. 빌바오의 구겐하임 미술관처럼 구도시의 랜드마크 역할에서 시작된 도시공간의 문화도시 추구는 체험적인 요소, 스토리적인 요소, 네트워크적인 요소, 창조적인 요소, 도시재생적인 요소들이 서로 어울리면서 사람들에게도 영향을 주었다.

창조도시도 이러한 맥락에서 이해될 수 있다. 교통과 정보통신의 발달로 인간 사이의 네트워크가 광범위해지고 효율적으로 변화되면서 속도를 중요시하는 도시가 되었다. 그러나 그것은 역으로 우리에게 느림의 미학을 가지고 생각하면서 걸을 수 있는 공간의 필요성을 더욱 절실하게 만들었다.

그렇다면 우리가 추구해야 할 도시, 즉 문화적인 도시란 어떤 것일까? 아르코산티에서도 볼 수 있듯이 우리는 환경 속에서 문화를 즐기면서 살아간다. 그것은 앞의 신어메니티에서도 알 수 있듯 걸을 수 있는 도시이면서 동시에 문화를 즐기면서 서로 네트워킹하고 창조적인 사고를 나눌 수 있는 도시일 것이다. 속도와 엔터테인먼트 또한 인간에게 필요한 것이다. 인간은 이러한 다양성 속에서 선택하면서 살아가는 존재이다. 인간이 선택할 수 있는 요소들이 다양하고 이러한 것들이 적절히 배분되어 건강하고 창조적이며 즐거운 삶을 누릴 수 있는 방향으로 도시가 설계되어야 한다.

느리게 걸으며 사색할 수 있는 곳, 그러나 다양한 즐거움 또한 즐길 수 있는 곳, 이처럼 인간이 추구하는 일상적인 삶의 가치를 창조적으로 실현할 수 있는 곳을 우리는 문화도시라고 부른다.

참고 문헌 및 사이트

국내도서

● 강효숙 외, 2007,『만화 콘텐츠와 미디어믹스』, 북코리아.

● 김상호 외, 이재광역, 2009,『함평 나비 축제의 성공 요인』, 페이퍼로드

● 국토연구원 엮음, 2001,『공간이론의 사상가들』, 한울.

● 권용우외, 1998,『도시의 이해』, 박영사.

● 김문조 김종길. 2006.『디지털 한국 사회의 이해』, 집문당.

● 김문환 외, 1998,『19세기 문화의 상품화와 물신화』서울대학교 출판부.

● 김인·박수진편, 2006,『도시해석』, 푸른길.

● 남기범, 2005,『IT와 일상 공간의 분화와 통합』, 정보통신정책연구원

● 다비드 르부르통, 김화영 역, 2005,『걷기예찬』, 현대문학.

● 레니에 쇼트, 존, 이현욱·이부귀 옮김, 2001,『문화와 권력으로 본 도시 탐구』, 한울.

● 리처드 플로리다, 이원호 외 역. 2008,『도시와 창조 계급』, 푸른길.

● 맥루한, 마샬, 김성기·이한우 역, 2002,『미디어의 이해』, 민음사.

● 민유기, 2007,『도시 이론과 프랑스 도시사 연구』, 심산.

● 박성신, 2005,『문화 마케팅을 통한 옛집 살리기』, Emars.

● 발터 벤야민, 조형준역, 2005,『아케이드 프로젝트1』, 새물결.

● 새뮤얼 헌팅턴 외, 이종인 역, 2000,『새뮤얼 헌팅턴의 문화가 중요하다』, 김영사.

● 솔레리, 파울로, 이윤하·우영선 역, 2001,『파울로 솔레리와 미래도시』, 르네상스

● 에드워드 글레이저, 이진원 역. 2012.『도시의 승리』, 해냄.

● 유승호, 2006,『디지털 시대의 영상과 문화』미술문화.

● 유진룡 외2009,『엔터테인먼트 산업의 이해』, 넥서스Biz.

● 임학순 외, 2007,『만화와 문화산업 그리고 도시』, 북코리아.

● 조광제, 2003,『주름진 작은 몸들로 된 몸』철학과현실사.

● 조명래, 1999,『포스트포디즘과현대사회위기』, 다락방.

● 조명래, 2002,『현대사회의도시론』, 한울.

● 칸트, I., 2003,『판단력비판』, 이석윤역, 박영사.

● 밀란 쿤데라, 김병욱 역, 1995, 『느림』, 민음사.

● 데이비드 하비, 구동회·박영민 역, 1994, 『포스트모더니티의 조건』, 한울.

● 데이비드 하비, 최병두 외 역, 2001, 『희망의 공간』, 한울.

● Charles Landry, 임상호 역, 2005, 『창조도시』, 해남.

해외도서

● Donald Getz, Festivals, 1991, Special events and tourism, New York.

● Harvey, D. 1989, The Condition of Postmodernity. Oxford: Blackwell.

● Kearns, G. and Philo, C., 1993, Selling Places: the city as cultural capital, past and present, pergamon.

● Oldenburg, Ray, 1999, The Great Good Place, Marlowe&Company, New York.

● Oldenburg, Ray, 2001, Celebrating the Third Place, Marlowe&Company, New York.

● Page, Scott E. 2007, The Difference,:How the power of diversity creates better groups, firms, schools, and societies, Prinseton university press, Princeton and oxford.

● Parkinson, Bianchini, 1993, Cultural Policy and Urban Regeneration, Manchester University Press.

● Ray, Debraj, 1998, Development Economics, Princeton, New Jersey: Princeton University Press.

● Saunders, P. 1984, Social Theory and the Urban Question, Hutchinson & Co.

● Saxenia, Amalee, 1994, Regional Advantage, Harvard University Press

● Scott, Allens J. 2000, The Cultural Economy of Cities, SAGE publications.

● Scott, Allens J. 2005, On Hollywood, Princeton University Press .

● Sen, Amartya, 1996, "The Concept of wealth", in Ramon H. Mayers,

ed., The Wealth
of Nations in the Twentieth Century, Stanford: Hoover Instittuion Press.
● Swyngedouw, D. 1986, The socio-spatial implications of innovations
in industrial organization, Working paper 20, Lille: Johns Hopkins
European Center for Regional Planning and Research.

해외논문

● Batten, D.F., 1995, "Network cities: creative urban agglomerations for
the 21st Century", Urban Studies, 32, no.2.

● Duxbury, Nancy 2004, 8, "Creative cities: principles and practices",
Canadian Policy Research Networks Inc. Canadian Policy Research
Networks.

● Fradford, Neil 2004a. 8., "Creative cities: structured policy dialogue
report, Canadian Policy Research Networks Inc. Canadian Policy
Research Networks.

● Fradford, Neil 2004b. 8., Creative cities: structured policy dialogue
backgrounder, Canadian Policy Research Networks Inc. Canadian
Policy Research Networks.

● Gertler, Meric S. 2004. 8., "Creative cities: what are they for, how do
they work, and how do we build them?", Canadian Policy Research
Networks Inc. Canadian Policy Research Networks.

국내논문

● 곽대진, 2000, "강진 청자 문화제 관광객의 만족도에 관한 연구". 경기대학교 석
사학위 논문

● 궁선영, 2009, "한국사회 소비행위와 생활양식의 재구성", 고려대 박사
학위 논문

● 김길수. 2001, 지역이벤트가 지역사회에 미치는 영향에 관한 연구: 제1회 전주

국제 영화제를 중심으로. 관광학 연구. 제 25권 2호

- 김대호, 2005, "월선리 예술인촌 마을 만들기에 관한 연구: 마을 만들기 과정에서의 갈등 구조와 해결 과정", 목포대학교 석사 학위 논문
- 김상빈, 2005, 도시 관광을 통한 도시재생 전략: 동독 도시를 사례로, 『지리학회지』, 제39334권 제3호.
- 김성혁 고호석 김순하, 2000, 지역축제 관광객의 시장 세분화와 선택 속성에 관한 실증적 연구, 『관광학연구』, 제31권제1호
- 남치호, 2003, 안동 국제탈춤 페스티벌 추진 과정 성과 및 발전 과제, 『안동개발학회』, 제 14집
- 남희주, 2009, "폐공간 활용 예술 공간 연구: 창작-향유-유통-재생산의 선순환 구조를 중심으로", 경희대학교 석사 학위 논문, pp76-82
- 노현숙, 2006, "아르콜로지의 압축성에 관한 연구: 아르코 산티를 중심으로", 충북대학교 석사 학위 논문.
- 미래한국재단 편, 2007,5, 『지방자치: 첨단 문화의 복합도시 프랑스 라데팡스』, 통권 224호.
- 미래한국재단 편, 2007.9, 『지방자치: 영국 리버풀 시, 문화도시로의 급속한 발전』, 통권 228호.
- 박소현, 2008, "마을 만들기 사업 구성 요소로서의 새로운 예술 공동체 모델 연구", 경희 대학교 석사 학위 논문, pp55-65
- 박철홍, 2003, "지역축제를 활용한 장소 마케팅 전략 연구", 『지방행정』, 전남대학교.
- 박형진, 2009, "슐츠의 실존적 공간론을 기반으로 한 현대건축 실내공간의 장소성에 관한 연구", 건국대학교 박사 학위 논문, p36
- 변필성·안영진, 2007, "살기 좋은 도시 미국 캘리포니아의 얼바인: 발전과정과 주요특성", 『국토지리학회지』, 제41권제1호,
- 신동호, 2007. 캐나다 스트랫포드의 문화산업 클러스터: 셰익스피어 축제를 중심으로. 『한국경제지리학회지』. 제10권 제 3호. pp.263-280
- 오동훈·권구황, 2007, "도시재생 전략으로서의 도시 문화 마케팅 해외 사례 연구",

『국토계획』, 제32권 제5호, 대한국토·도시계획학회.

● 유경원, 2005, "도시환경 공공공간의 어메니티(Amenity)을 위한 사인커뮤니케이션에 관한 연구", 홍익대학교 석사 학위 논문.

● 이각규, 2006," 지역이벤트실행조직의운영평가에관한연구: 지역축제의전문가시스템을 중심으로", 배재대학교 석사학위논문

● 이명옥, 2004," 한국 레지던시 프로그램의 현황과 활성화 방안 연구: 발전 모델을 위한 프로그램을 중심으로", 홍익대학교 대학원 석사 학위 논문, pp66-69

● 이상일, 축제의 기능과 향토 문화제 비판,『 한국문화인류학회』, 1979, p2

● 이성혜, 2006, "국내외 사례로 본 지역 관광 혁신 체계의 구축방안", 고려대학교 석사 학위 논문

● 이수리, 2005, "지역축제가 지역 관광 이미지에 미치는 영향에 관한 연구: 춘천 마임축제를 중심으로". 세종대학교 석사 학위 논문

● 이승도, 2004, "문화산업의 도시별 접근 방법에 관한 연구: 대도시와 중소도시의 비교중심으로", 홍익대 광고홍보대학원 석사 학위 논문.

● 이연주, 2009, "축제 유형에 따른 방문동기 및 만족도 비교 연구: 강진 청자문화제와 보령 머드축제를 대상으로". 세종대학교 석사 학위 논문

● 이윤희, 2005, "지역 문화 거버넌스 형성 과정에 대한 사례연구: 수원 화성을 중심으로", 경기대학교 박사 학위 논문 pp26-33

● 이정록, 2006, 문화관광축제의 성립과 전개과정: 함평 나비축제를 사례로,『한국경제지리학회지』, 제9권 제 2호 pp197-210

● 이정현, 2005, "축제의 생산과 소비 과정을 통해 본 주민 참여 연구 - 김제 지평선 축제를 중심으로". 전북대학교 석사 학위 논문, pp14-20

● 이지나, 2003, " 헌책으로 세계를 모으는 마을, 웨일즈의 헤이온 와이",『 국토연구』, vol.263, 국토연구원.

● 이지은, 2006, "지방정부의 Amenity 개발 정책 활성화 방안 연구: 제주도 지역 개발 계획을 중심으로", 제주대학교 대학원 석사 학위 논문.

● 이호근, 2007, "地域祝祭에 따른 都市마케팅 效果에 관한 研究: 慶尙南道를 사례로". pp27-28, 부산대학교 석사학위 논문

- 장재해, 2007, "대구 지역의 어메니티적 발전 방향에 관한 연구", 경북대학교 경영대학원 석사 학위 논문.
- 정무웅, 1984, "한국 전통건축 외부 공간의 계층적 질서에 관한 연구", 홍익대학교 석사 학위 논문.
- 정숙임, 1998," 자치 시대 지방의 관광 개발", 경상대학교 지리교육대학원 석사 학위 논문.
- 제갈돈 이곤수 송건섭, 2006 , 지방정부의 지역축제 차별화 전략, 『한국 지역개발학회』, 336 참고문헌 및 사이트 한국 지역 개발학회지, 제18권 제 2호
- 조배행, 2007, 지역축제의 영향에 대한 지역주민의 지각 차이 분석, 『한국지역지리학회지』, 제 13권 1호
- 추용욱, 2006, "문화도시의 가로 경관 재생을 위한 연계전략 연구", 홍익대학교 일반대학원 박사 학위 논문.
- 최영, 2005, "예술 단체의 지역 정착 전략에 관한 연구: 밀양 연극촌 사례를 중심으로", 추계예술대학교 예술경영대학원 석사 학위 논문. p37
- 현철호, 2009, "한국 현대 건축의 표현 양상에 관한 연구: 헤이리 예술인 마을을 중심으로", 한양대학교 석사학위논문, p37
- 홍승덕, 2008, "지역축제에서 청소년 참여 활성화 방안 연구: 2007 천안 흥타령 축제를 중심으로", 호서대학교 석사학위논문, pp60-72
- 황교선, 2003, "도시 경관 조성의 구성 확립에 관한 연구", 홍익대학교 일반대학원 석사학위 논문.

보고서
- 경기문화재단, 2004, 「폐교 활용을 통한 지역기반 문화예술창작 스튜디오 활성화 방안 연구: 창문 아트센터를 중심으로」. pp64-81
- 김병철, 1998, 「강원도 지역축제의 활성화 방안 연구」, 강원개발연구원
- 김현호·한표환, 2004, 「지역발전을 위한 향토자원의 개발 및 활용방안」, 한국지방행정연구원, vol.369.
- 나도삼, 2008, 「창조 문화 수도를 위한 서울시의 7대과제」, SDI 정책리포트.

- 대통령 자문 정책 기획위원회, 2004, 「선진국 산업 클러스터 재생 성공 사례 연구」.
- 문화 중심 도시 조성 추진 기획단, 2004. 8, 「세계의 문화도시 조성 사례」.
- 백지운, 2006, 「인천 지역 문화 예술 실태 조사 및 활성화 방안 연구」, 인천문화제단.
- (사)글로벌서울포럼, 2008, 「제2회 글로벌서울포럼 국제회의 자료」, 대한민국학술원, 서울특별시, 서울복지재단.
- 신행정수도 건설추진지원단, 2003, 「신행정수도 건설과 외국 사례가 주는 교훈: 낙후된내륙 개발을 위해 국토중앙에 건설된 새로운 수도」.
- 이정형, 한국문화예술위원회, 2005. 4.
- 임서환외, 2006, 「일본의 도시재생 사례와 시사점」, 주택도시연구원 연구보고서.
- 전여옥, 2003, 「도시어메니티의개선과기업의대응」, 삼성경제연구소.
- 전여옥, 2004, 「문화자원개발과지역활성화전략」, 삼성경제연구소.
- 한국문화예술진흥원 문화발전연구소, 1992, 「도시문화 환경 개선 방안에 관한 연구」.
- 한국영상문화학회, 2008, 「새로운도시시학을위하여」, 고려대학교 응용문화연구소 심포지엄 자료.

정기간행물
- 강원일보, 2008. 5. 24
- 국제신문, 2006. 10. 15, "미국의 창조도시를 가다2".
- 국제신문, 2006. 10. 22, "미국의 창조도시를 가다3".
- 국제신문, 2006. 10. 9, "미국의 창조도시를 가다1".
- 너울, vol. 41, 42, 71, 74, 99, 101, 109, 120, 128, 138, 161, 174, 197, 198 한국문화관광연구원.
- 농민신문, 2009. 2. 20
- 뉴스메이커, 2007. 11. 20, 750호.
- 뉴시스, 2009. 2. 10. 2004. 3. 18

- 동아일보, 2009. 5. 14, 2009. 4. 24, 2008. 11. 21
- 대전일보, 2005. 11. 3.
- 데일리안, 2009. 5.16, 2008. 7. 9.
- 매일경제, 2008. 2. 10.
- 부산일보 2008. 9. 27, 2008. 8.
- 브레이크 뉴스, 2009,08,12.
- 서울신문, 2004.08.19, 2004,06.17.
- 세계도시동향, vol.65, 66, 73, 80, 94, 125, 152, 155, 170, 174, 175, 179, 181, 182, 서울시정 개발연구원.
- 자동차생활, 2003. 2월호.
- 주간한국, 2009. 4. 21.
- 중앙일보, 2009. 4. 21, 2009. 1. 16, 2008. 10. 10, 2008. 5. 24, 2005. 5. 30
- 연합뉴스, 2009. 1. 8, 2008. 10. 13, 2008. 5. 2.
- 오마이뉴스, 2006. 7. 11 ,2005. 11. 16, 2004. 8. 26.
- 월간 지방의 국제화, 2004. 5.
- 월간 전라도닷컴, 2008. 5. 21.
- 한겨레신문, 2008. 9. 25.
- 한국경제신문, 2001. 1. 3.
- 한국일보,2007. 6. 20.
- CNB뉴스, 2008. 12.

참고사이트
- 건축도시연구정보센터 http://www.auric.or.kr/default.asp
- 뉴스메이커 http://newsmaker.khan.co.kr/khnm.html?mode=view&code=115&artid=15991&pt=nv
- 대한국토, 도시계획학회 http://www.kpa1959.or.kr/
- 문화저널 http://www.munhwajl.com/
- 밀양 여름 공연 축제 홈페이지, http://www.stt1986.com/

- 보수동책방골목 홈페이지 http://www.bosubook.com/
- 삼성경제연구소 http://www.seri.org/
- 서울시정개발연구원 http://www.sdi.re.kr/
- 예술양평.http://www.ohyp.kr/
- 전남 무안 월선리 예술인촌 마을 홈페이지 http://moon.invil.org/village
- 하우스텐보스 http://korean.huistenbosch.co.jp/
- 한국문화관광연구원 http://www.kcti.re.kr/web_main.dmw
- 후용공연예술센터 홈페이지 http://nottle.cmspot.co.kr
- 헤이리 http://www.heyri.net/contents/introduce/building.asp
http://www.culture.gouv.fr/culture/historique/rubriques/
grandstravaux.htm
http://blog.naver.com/gwddw?Redirect=Log&logNo=40019025654

<영상물>
- 도시파산 유바리의 잔혹한 봄, KBS 스페셜, 2007. 4. 7.